体育译介与跨文化传播

Translation and Cross-cultural Communication of Sports

第一辑

2022 年 6 月出版

编　委　会

主　　编：李在辉

副 主 编：李 航，袁 彬

责任编辑：霍传颂，唐 玥

委　　员：陈建生，陈丽江，金兴玉，李东鹏，李梦楚，刘海娜，刘 明，宁翠叶，任 锋，杨 梅，杨凤军，贠 琰，张 琪，张小林，张莺凡，张 震，赵 敏，曾洪涛，郑 辉，郑 曦

学术顾问：冯光武，黄友义，石 坚，赵友斌， Alexandre Beullac（加拿大）， Barnhard P. Derek（加拿大）， Gerald R. Gems（美国）， Gertrud Pfister（美国）， Linda J. Borish（美国）

Publisher: Colorado Academic Press
ADD: 1758 Emerson St, Denver, CO 80218
Website: www.co-academicpress.com

COLORADO ACADEMIC PRESS

Published in the United States of America

By COLORADO ACADEMIC PRESS

1758 Emerson Street

Denver

CO 80218 USA

Email manu@co-academicpress.com

Visit us at http://www.co-academicpress.com

体育译介与跨文化传播 第一辑 2022 年 6 月

Translation and Cross-cultural Communication of Sports Vol 1 June 2022

ISBN: 979-8-8692-1978-7

Manufactured in the United States of America

10 9 8 7 6 5 4 3 2 1

目　录

CONTENTS

Discipline Construction of Sports Translation

Studies on the Translation of Chinese Traditional Sports Culture

Sports Translation and Modern Sports in China

Cross-cultural Communication of Sports

"国际体育语言信息服务"硕士点申报：必要性·可行性·策略——以武汉体育学院为例

杨 梅，艾险峰，邹 瑶

武汉体育学院国际教育学院，湖北武汉，430079

摘 要： 申报竞赛组织（国际体育语言信息服务）专业硕士点是武汉体育学院重要举措，符合中国参与全球治理和新科技革命发展趋势，符合高水平对外开放新格局下的产业发展需求，符合新时代中国特色"双一流"学科与专业建设的需求。本文分析了武汉体育学院申报"国际体育语言信息服务"硕士点的必要性和可行性，提出了具体的申报思路与具体方案，旨在为同类院校硕士点申报提供范式。

关键词： 武汉体育学院；国际体育语言信息服务；申报；策略

1 引言

党的十八大以来，国际传播能力和对外话语体系建设成为党中央重要部署内容，营造有力外部舆论环境，增强国际话语权成为推动高等外语教育发展的根本动力。高等外语教育作为高等教育的重要组成部分，覆盖全、规模大、责任重，因此应当从新使命、大格局、新文科、大外语的角度出发，超前识变、积极应变、主动求变，顺应国家"健康第一、全民健身、体教融合"等重要思潮，结合学校"融体育、科技、人文教育为一体，集道德、文化、专业素质于一身"的办学理念，武汉体育学院国际教育学院申报竞赛组织（国际体育语言信息服务）专业硕士点，旨在培养具有国际竞争力的体育外语拔尖创新人才。

竞赛组织（国际体育语言信息服务）专业硕士点的申报充分体现武汉体育学院国际教育学院主动融入、积极作为的决心。经过十多年的发展，武汉体育学院国际教育学院在学科与专业建设方面取得了长足的进步，具备了申报专业硕士点的基础与条件。剖析其必要性、可行性与策略，对学校教育层次的提高、专业水平提升以及兄弟院校提供范式具有积极意义。

立足于自身的内核英语和汉语国际教育专业，谋求通过跨界打破学科壁垒，实现将信息技术注入专业人才培养，在充分发挥自身语言类专业优势的同时，融合体育学科优势资源，积极承担起为中国体育产业发展和竞赛组织（国际体育语言信息服务）服务的使命，发挥人文社会科学在"讲好中国故事"、"传播中国声音"中的作用。

2 增设国际体育语言信息服务专业学位硕士点必要性

2.1 形势所趋——响应国家形势与政策指示精神

增设竞赛组织（国际体育语言信息服务）专业硕士点是在新文科建设形势下落实国务院学位委员会加强专业学位研究生教育指示精神的积极举措，是学位与研究生教育改革发展的战略重点与明确目标。因此，武体国教学院立足于自身的内核英语和汉语国际教育专业，谋求通过跨界打破学科壁垒，实现将信息技术注入专业人才培养，在充分发挥自身语言类专业优势的同时，融合体育学科优势资源，积极承

担起为中国体育产业发展和竞赛组织（国际体育语言信息服务）服务的使命，突破现有研究和教学中的专业限制、国别限制，与体育学结合所需，走向真正的跨界融合培养。

2.2 需求所趋——满足体育语言信息服务社会需求

改革开放 40 年，语言服务行业不断发展，中国都已名副其实地进入语言服务大国。提升语言服务标准国际化水平，加快推进语言服务产业化进程和加快建设语言服务学科，培育语言类专业新的增长点成为语言服务强国转变的必要保证。遗憾的是，中国体育界内国际体育语言与信息服务普遍存在国际体育赛事语言服务质量不高、体育类文本翻译质量及翻译水平较差、体育媒体行业内外语水平高的人才及其稀缺等问题，语言信息服务的规范性、专业性、针对性等均有待提高。因此需做到紧跟就业需求实现特色人才市场化；传播先进信息技术实现专业人才职业化，创建体育特色课程实现同类专业范式化。

2.3 现实所趋——解决国内体育外语人才培养现实问题

纵观国内体育外语人才供求现状，发现国内体育外语人才呈现懂体育不懂外语、懂外语不懂体育、懂专业不懂项目、懂项目不够专业等现象，众多体育人虽具有丰富的专业知识，但是受制于英语水平有限，无法在国际体育交流中展现风采；专业外语人士又苦于不熟谙体育知识而影响水平的发挥。既懂体育又懂英语的高层次、复合型体育外语人才极度缺乏。

自 2003 年成都体院率先创办英语专业（体育外事方向）以来，多所体院院校先后创建了体育相关方向的英语专业，北京体育大学（中外体育文化比较、国际体育组织以及体育公共外语）和成都体育学院（体育翻译）先后申报了"外语+"硕士点，湖北省是全国中部地区的教育大省，举办与承办国际体育赛事机会与日俱增，在迈向教育强省进程中，在围绕实现湖北"建成支点、走在前列、谱写新篇"的总目标的过程中，作为在 14 所体育院校排名前列的武汉体育学院有责任有义务承担培养国际体育语言服务及信息服务人才的重任，探索多层知识领域交叉融合的高层次跨界人才培养模式。

3 申报国际体育语言信息服务专业学位硕士点可行性

当前，武汉体育学院申报国际体育语言信息服务专业硕士点不仅有必要性，而且具有可行性。在国际体育语言信息服务专业硕士培养方面，我校具有众多有利条件和优势。

3.1 师资条件

国际教育学院专业师资力量从职称、年龄层面结构合理，高职称教师数量可观，高学历教师逐年增多，为硕士点申报奠定了学术与人才基础。众教师具有丰富的教学科研经验，多次在各级教学比赛中获奖；承担包括国家社科基金、科技部支撑项目在内的国家级、省部级项目 30 余项。同时，多数专业教师社会实践服务能力强，与湖北省体育局、湖北省翻译协会等机构建立了良好的合作关系，教师团队具有丰富的理论基础和专业实践能力。已形成相对稳定的体育英语教师团队在近八年参与过七次以上的大型国际国内赛事语言与信息服务，工作表现获得组委会的高度认可，具备从理论到实践承担该方向专业硕士人才培养的岗位工作。

3.2 教学条件

我校具有国内一流的资料与设备基础，校图书馆、计算机房和多媒体教室等提供了良好的教学条件。全校开放的研究生选课系统为跨学科联合培养人才提供了保证。依托相关省重点学科的建设，国际教育学院图书馆建成一站式资源检索中心，电子资源完全能够满足竞赛组织（国际体育语言信息服务）英语硕士专业文献收集的需要。具有专门的多媒体教室、专业实验室、案例教室和专业训练设备。学校有数

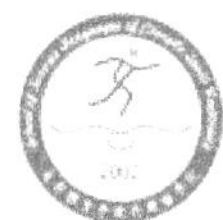

量充足的高性能计算机和校园网，中外文专业图书资料齐全。实验室具有各种先进教学设施和翻译软件，可以满足语言类实践教学以及国际语言服务实操训练的要求。

3.3 实践条件

国际教育学院在过去十多年的发展过程中不断拓展与校外语言培训机构和语言服务公司、运动队等校企合作关系，先后与五家外语培训机构（枫叶国际教育）和龙头语言服务翻译公司（传神，甲骨易，环球译声等）、国家冲浪队等建立了稳定的合作关系，定期定点为英语专业的学生提供实习与实训机会。与此同时，通过我们自身的努力和出色工作表现，还争取到成为新华社赛事信息服务的合作方，已从2013 年起，先后 6 次作为核心团队成员加入新华社的重要国际赛事信息服务团队为来自世界各地的注册媒体提供专业的赛事信息服务，得到了很好的锻炼，累积各类国际综合赛事（亚青会、少数民族运动会、军运会）和单项赛事（体操世锦赛，乒乓球锦标赛，短池世游赛等）的专业实践工作经验，成为该领域的专业人士，协助武汉军运会执委会为赛事相关部门的工作人员及志愿者提供专业的赛事信息服务培训。学校制订的"全日制专业学位研究生专业实践手册"和"专业学位校外实践基地管理办法"为保证专业实践的良好运行也提供了制度保障和参考指南。

3.4 学科支撑

国际体育语言信息服务专业硕士点的设立依托国际教育学院，学院英语专业 2005 年获准在湖北省招生，2006 年经国家教育批准正式面向全国招收外语类学生，已连续招生 16 届，共招学生约 1000 余人；其汉语国际教育专业 2017 年开始招收，2021 年即将迎来第一届毕业生。两个专业经过多年发展，已形成了完整的教学体系，有一支稳定的以外语+体育为特色的教师团队。自 2012 年英语专业并入国际教育学院后，学院形成以英语+体育为基础，面向国际、凸显体育、服务社会的人才培养模式。

经过十几年的不懈努力，国际教育学院专业师资队伍在数量和质量上都有了长足的进步，为配合实施新的人才培养模式，专业教师的知识结构和教学水平得到了相应的提升，教师队伍的学历和职称结构也得到很大提升和改善，教学和科研力量都得到了显著加强，具备了支撑语言信息服务的重要基础。近八年来不断摸索和完善的复合型英语专业人才培养模式已经向语言服务和信息服务人才培养模式迈出了一大步，积累了必要的实践经验与相关知识。

3.5 特色优势

国际教育学院英语专业在过去十多年的发展过程中已经在培养跨界复合型人才方面做出了有益的探索，积累了比较丰富的相关经验。学院注重培养双师型的教师队伍（已有 5 名双师型教师），初步形成了比较稳定的赛事语言服务和信息服务的师资队伍，成为新华社国际赛事信息服务的合作单位，先后 6 次为国内外大型赛事提供了令人满意的信息服务，得到各次赛事组委会和新华社相关领导的充分肯定。近五年来，学院尝试将计算机辅助翻译技术和语料库建设引入人才培养的课程设置，从课堂教学、课外实践和大学生双创教育方面都做出了积极有效的尝试，取得了较为明显的成效。目前学院在师生的共同努力下已经完成了上百万字的体育英语平行语料库建设，为高效的赛事语言服务积累了丰富的资源库。同时，在师生的共同努下，还以体育语料库的建设为依托成功申请获批了 5 项国家级和多项省级大学生双创项目，在实践中较好地锻炼了学生的创新思维和工作能力，为合格的复合型人才培养打下了坚实的基础。

总的来说，目前国际教育学院拥有的师资队伍，已积累的办学经验和校外实习实训教学基地，连同学校的优质体育教育、新闻等相关学科资源，已经能够充分地为本专业学位硕士点的设立和建设提供有力的保障。

4 申报国际体育语言信息服务专业学位硕士点具体策略

4.1 基本思路

本专业硕士点设两个方向：一是国际体育语言服务，二是国际体育赛事信息服务。国际体育语言服务方向培养熟悉体育，具备语言、翻译、文化、文学、计算机辅助翻译技术等复合型知识结构，具备翻译能力、文化能力、技术能力、创新能力、业务能力、沟通能力、调研能力、管理能力等综合能力和素质，了解国际体育组织和体育企业业务内容、工作流程、国际化战略，能胜任国际赛事，国际体育组织机构或企业语言服务相关岗位工作的专业化人才。

国际体育赛事信息服务方向培养熟悉掌握体育运动项目专项知识（包括体育项目规则、礼仪、历史等）、熟悉国际传播学知识，具备较好的体育英语能力、新媒体新闻采编能力、跨文化交流能力等综合素质与能力，能胜任参与大型国际赛事的媒体运行相关工作（新闻运行与信息服务），胜任体育对外交流各项跨文化沟通与协调工作的专业化人才。

4.2 实施方案

（1）创新教学理念，实现多方协同培养

秉着"全面育人"的培养理念，践行"产学研用多重融合、培养培育孵化一体化"的创新机制，在强调发展学生专业能力的同时，特别注重社会实践能力的培养培育，预构建一个立体化的创新创业培养体系。贯彻校内校外多种导师制，课程学习和学位论文主要由校内导师负责，专业实践、实训邀请校外相关行业外聘导师共同指导进行。采取课程学习、专业实践、职业资格认证和学位论文四位一体相结合的培养模式。课程学习以课堂教学为主，教学方式包括案例分析、专题讲座、研讨、现场观摩、方案设计等多种形式。实践教学可采用校企合作，产学结合，跟岗训练，顶岗实习的形式。职业资格认证培训可采用学生校内外培训形式，实行获职业资格证书奖励学分制度。学位论文鼓励学生在读期间充分运用所学理论和方法解决一线工作实际问题为主，培养学生独立完成应用研究的创新能力。

（2）找准人才定位，设置科学课程体系

结合学校"融体育、科技、人文教育为一体，集道德、文化、专业素质于一身"的办学理念，广泛征求国家体育总局科研所、湖北省体育局科研所、传神、甲骨易等语言服务公司的意见，通过产学研结合制订顶层设计，形成适合竞赛组织（国际体育语言信息服务）专业硕士学位人才培养方案（试行），构建以行业需求为导向，打造国际视野和熟悉体育的复合型人才培养目标定位，围绕该目标定位的做好课程体系设置从而做到多元学科交叉融合。语言服务学科的定位是培养综合性人才，面向新兴职业和岗位，培养从事语言服务的专门人才，如体育赛事翻译、语言经理、网站本地化专员、术语管理员、语言大数据分析员、技术写作专员、机器翻译编审、国际组织公务员、外语出版编辑、新媒体采编等。

（3）创新培养模式，培养复合专业人才

针对目前中国在语言服务和信息服务方面存在的人才短缺现象，以语言服务和信息服务职场急需的人才能力和素质为突破口，大胆科学设计出涵盖相关学科知识与技能的人才培养模式，谋求立足和依托体育院校自身的办学层次和体育教育特色资源，遵照国际导向、跨界融合的人才培养指导原则，制定我校竞赛组织（国际体育语言信息服务）专业硕士的人才培养模式，培养从事语言服务的专门人才，如体育赛事翻译、语言经理、网站本地化专员、术语管理员、语言大数据分析员、技术写作专员、机器翻译

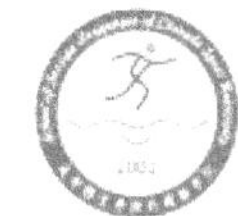

编审、国际组织公务员、外语出版编辑、新媒体采编等。

（4）完善教学流程，融合多种教学模式

硕士点申报响应国家推进教育现代化的号召，力图打破传统教育的时空界限，创建线上线下混合式教学模式。在具体操作过程中，遵循"专业内核扎实、跨界特色明显"原则，运用和发挥慕课及"体育平行语料库平台"优势，采取线上情景式感受、平台交互式练习、"工作坊"角色互换、赛事体验反思式汇报等"四步教学流程"，实施满足不同学生的分重点、分层次教学。强调教师在教学中角色的转变，发挥"脚手架"的作用，学生借助翻转课堂等教学形式，在"翻译工作坊"教学模式下扮演项目经理、初译、审校、排版等不同角色，充分发挥在课堂的主体地位，注重自身自主学习能力及问题解决能力的培养，夯实学生语言服务相关知识与能力的培养。

（5）健全评价体系，凸显立体评价方式

教学评价做到以教学环节为主体，以提高期待为原则，以达成学习成果为导向。具体做法是：1）评价内容立体化：学生不但需掌握较好的体育英语技能，还需拥有丰富的体育专业知识、赛事媒体运行知识，语言服务所需的相关知识和技能；同时强调对其知识的实际应用能力和其他非智力因素进行评价。2）评价方式多样化：评价采取课程作业、实践环节和考试相结合的多维方式，注重对学生综合素质、专业知识水平和实践创新能力的整体考核 3）评价主体多元化：教师对学生实施形成性评价和终结性评价，同时教师评价必须和学生自评、学生互评相结合，真正体现评价主体的多元性。

5 结语

设立竞赛组织（国际体育语言信息服务）专业硕士学位点符合中国参与全球治理和新科技革命发展趋势，符合高水平对外开放新格局下的产业发展需求，符合新时代中国特色"双一流"学科与专业建设的需求。借助武汉体育学院优势学科学术力量和社会影响，鼓励有着良好英语基础，熟悉或者擅长体育，有兴趣从事国际体育语言服务与国际体育信息服务工作的有志之士报考我校竞赛组织（国际体育语言信息服务）专业硕士。

参考文献

[1] 姜晓红，郭峥.大型体育赛事语言服务的特点[J].体育成人教育学刊．2018，34(04): 74-76.

[2] 邹瑶，郑伟涛，黄志勇.基于多模态体育语料库"翻译工作坊"的教学与实训平台构建[J].华中师范大学学报(自然科学版)．2018，52(06): 862-870.

[3] 滕于晗.ESP 视角下体育翻译人才培养模式研究[D].成都体育学院．2021.

[4] 盛蒙蒙.国际体育赛事需求视域下体育翻译人才培养路径研究[D].湖南科技大学．2019.

[5] 褚远辉，陈艳兰，何志魁，杨民.大理学院申报教育专业硕士点的必要性、可行性与策略[J].大理学院学报．2014，13(07): 67-72.

[6] 田学礼，李在辉.外语院校培养体育翻译人才模式探析[J].成都体育学院学报．2013，39(07): 54-56+63.

Application for Master Program of "International Sports Language Information Service": Necessity, Feasibility and Strategy: Taking Wuhan Institute of Physical Education as an Example

Abstract

Applying for a professional master program in competition organization (International Sports Language Information Service) is an important measure of Wuhan Institute of Physical Education, which is in line with the development trend of China's participation in global governance and the new scientific and technological revolution, the industrial development needs under the new pattern of high-level opening to the outside world, and the needs of "double first-class" disciplines and professional construction with Chinese characteristics in the new era. This paper analyzes the necessity and feasibility of Wuhan Institute of physical education applying for the master program of "international sports language information service", and puts forward specific application ideas and specific schemes, aiming to provide a paradigm for the master program application of similar colleges and universities.

Key words: Wuhan Institute of Physical Education; International sports language information service; Declaration; Strategy

体育译介与跨文化传播
Translation and Cross-cultural Communication of Sports

第一辑 2022 年 6 月

译介学视角下中国古代兵器名称翻译研究——以赛珍珠和沙博理《水浒传》英译本为例

徐凯燕，张小林

成都体育学院外国语学院，四川成都，610041

摘 要：武术文学是武术翻译研究的一个重要领域。在文化走出去的战略背景下，武术文学的外译不仅是武术文化对外交流的渠道，也是促进武术文化在目的语国家传播的有效手段。兵器是武术文化的重要组成部分，同样也是武术文化国际化传播中的关注热点之一。基于译介学理论，本文以赛珍珠和沙博理《水浒传》英译本中的中国古代兵器翻译为研究对象，通过文献资料法、对比分析法和归纳演绎法对《水浒传》两英译本中的兵器翻译进行分类、对比和归纳，发现两位译者对兵器翻译中的可译性部分多采用直译法，而针对兵器翻译中的不可译性部分，赛珍珠趋向于使用增译法进行解释，而沙博理则对不可译性部分进行删减、改写。通过进一步比较二者在兵器翻译的文学性表达上的侧重点和差异，揭示了各自的优点和不足，并针对兵器翻译中存在的问题提出相关建议。

关键词：译介学；兵器名称翻译；水浒传

1 引言

改革开放以来，经济的腾飞大大提升了中国的国际地位和话语权，也提升了中国传统文化的影响力。武术作为中华传统文化的瑰宝和代表中国的重要符号之一，其全球化推广问题备受学者们的关注。蕴含丰富武术文化思想和内涵的武术文学作品的外译是推广武术文化在海外传播的有效手段。《水浒传》是中国四大名著之一，也是一部经典的武术文学作品。经赛珍珠、杰克逊、沙博理、登特-杨父子英译后，该书在海外轰动一时，其中又以赛珍珠、沙博理两位汉学家的英译本最为经典。不过，即使这些经典译本，也并非完美。从译介学的角度来说，想要翻译好武术文学作品，精通原语和目的语远远不够，还应深刻了解这二者背后蕴含的文化内涵，着眼于这两种语言背后的文化传递。但精通武术文化者不见得精通翻译，精通翻译者不见得精通武术文化，这种困境不可避免地造成了武术翻译中的误译、漏译等现象。以兵器为例，据不完全统计，《水浒传》中的兵器种类繁多，数量多达 100 余种。这些兵器的命名不仅极具文化特色，同时也是其使用者个性的表征。对兵器名称的恰当翻译，不仅能够更好地展示中国传统武术文化，还能有助于故事人物形象的刻画。本文将基于译介学理论，以赛珍珠和沙博理《水浒传》英译本中的中国古代兵器翻译为研究对象，通过文献资料法、对比分析法和归纳演绎法对两英译本中的兵器翻译进行分类、对比和归纳，旨在发现两位译者的翻译策略，揭示其优点和不足，并针对兵器翻译中存在的问题提出相关建议。

2 兵器翻译研究综述

虽然武术翻译研究近年来成为学界的关注热点之一，但目前关于兵器翻译的研究较少。截止至 2021 年 10 月 14 日，笔者以"兵器翻译"为主题、未限制时间搜索中国知网发现目前共发表了 7 篇文章，其中

相关度较高的 5 篇。滕雄[1]首先对武侠小说《书剑恩仇录》中的武术术语和兵器名称的翻译进行了初探；他发现，由于中西方文化的巨大差异，兵器名称的翻译存在比较明显的问题。孙坤[2]对《三国演艺》中的中国古代兵器翻译进行了探讨。他通过对比中外兵器语言表达发现，中国古代兵器装备数量繁多，语言表达多样，而英语中古兵器的数量和表达丰富程度远不及中国，因此英汉兵器表达对等情况很少，这在一定程度上增加了兵器翻译的难度。其次，他指出《三国演义》两英译本中的兵器翻译存在不少错译和不译的情况，因此针对不同兵器的类别给出了相关翻译建议。此外，他针对兵器翻译提出了"典籍与文化翻译的原则"与"执中原则"。Ru Ru[3]也在其硕士论文中从奈达的功能对等理论视角探讨了小说《三国演义》里中国古代兵器名称的翻译。杨艳[4]对《水浒传》第 47 回的赛译本和沙译本中的兵器翻译进行了比较鉴赏。她认为两英译本翻译风格迥异：赛译本尽力从语言文化特征表达、用词习惯和句子结构对原著进行了还原，而沙译本在翻译时大胆地进行了删减和改写。赛译本让世界了解《水浒传》，沙译本《水浒传》在世界范围内传播的更加广泛。程俊乐[5]从功能对等视角下，按照基础兵器、兵器外形、兵器材料和制作工艺、兵器使用方法、兵器使用效果和力量、兵器用途、兵器文化特征、兵器装饰八方面对《水浒传》四译本中的兵器名称英译进行了研究。韩利峰[6]首次对《水浒传》中的传统兵器类别进行了划分，并对《水浒传》中兵器汉维翻译的翻译原则、翻译标准和翻译方法进行了总结概述。从以上可以看出，学界在兵器翻译研究领域已经取得了一定成果。但兵器翻译的研究仍不够完善。首先表现为现有的兵器翻译研究中大多将重点放在了翻译批评上。其次，现有研究成果多对兵器翻译的翻译原则、翻译标准和翻译方法进行了总结概述，但没有从源头出发，总结出兵器的命名规律，进而针对这些命名规律提出相应的翻译策略。最后，在兵器翻译的研究视角上，大多从功能对等理论、目的论这一类重点关注语言层面的翻译理论，忽视了语言转换背后的文化转换和文化传递。而译介学不同于一般的翻译研究，首先它是从比较文学中出发对翻译（尤其是文学翻译）进行的研究。其次它的关注重点并非语言层面上出发语与目的语的转换问题，而关注本族语和外语转换过程中的文化传递，以及翻译（特别是文学翻译）在跨文化交流活动中的价值和意义[7]。从译介学视角下研究《水浒传》两英译本中的中国传统兵器翻译，不仅能够扩展兵器翻译研究的新视野，还能探究译本对武术文化交流过程中所展示出的武术文化内涵及其价值和意义。

3 译介学视角下《水浒传》传统兵器翻译研究

译介学认为翻译是一种文化研究，信息的失落和变形是其主要研究方向之一[8]。赛译本是选取 70 回本《水浒传》进行翻译，而沙译本选取的是 100 回本《水浒传》。虽然两版内容重叠性很高，但是改动较大，本文仅选取两本中共同出现的兵器名称进行对比分析研究。

3.1 《水浒传》传统兵器类别

水浒传中主要人物共 108 人，且每人所使用的兵器更是千奇百怪，种类繁多。通过统计，笔者发现 70 回本和 100 回本《水浒传》共同出现的兵器共 107 件，其中有两英译本中均有对应翻译的兵器 100 件，并将水浒传中的传统兵器分为六大类：第一，长兵器，主要包括枪、棍/棒、大刀、叉、矛、斧、槊、镋、戟和镬；第二，短兵器，主要包括刀、剑鞭和锤；第三，软兵器，主要包括链；第四，远射型兵器，主要包括弓/弩、箭、炮；第五，防御型兵器，主要包括牌；第六，杂兵械，主要包括留客住、吹筒、粘竿、铁蒺藜、挠钩、铁笛、铁葫芦、钩刀铁扫帚等。整理后发现，数量最多的是短兵器中的刀，文中出现多达 22 种，最少的是长兵器中的槊，文中仅有 1 种。

3.2 《水浒传》传统兵器名称构成

笔者根据原文中兵器名称的构成进行了分类归纳，共发现六种构成规律：第一，基础兵器，指以单字为主的兵器，例如：刀、枪、剑、鞭、锤、箭等；第二，材质加基础兵器，指兵器名称中包含制作材料的兵器名称，例如：钢刀、白铁刀、钢鞭、铜锤、铁笛、铁葫芦、皮靶弓、混铁禅杖、擂木炮石、灰瓶炮石等；第三，文学性描写加兵器，指含有对兵器外观文学性描写的兵器名称：例如：雕弓、鹊画弓、鈚箭、凿子箭、日月刀、蓼叶刀、丧门剑、水火棍、齐眉短棒、丈八蛇矛、方天画戟、鬼头靶法刀、混世魔王剑等；第四，用途加兵器，指兵器名称中含有兵器用途的描述：例如：法刀、杀威棒、压衣刀、剔骨尖刀、解腕尖刀、剜心尖刀等；第五，混合型兵器，指兵器可能结合任意六种命名规律的兵器，例如：出白点钢枪、流星铜锤、混铁点钢枪、青铜护心镜、竹节虎眼鞭、水磨八棱钢鞭、铜铍磬口雁翎刀、三尖两刃四窍八环刀、流星水磨八棱钢鞭铜锤等；第六，其他类型的兵器翻译，指以兵器作为俗语或成语的文学性表达而并非特指某一种真实存在的兵器，例如：枪棒、宝刀、鸟刀、笑里藏刀、强弓硬弩/硬弩强攻/强弩硬弓等。

3.3 《水浒传》两英译本中传统兵器翻译分析

3.3.1 基础兵器的翻译

在基础兵器的翻译对比当中，笔者选用了《水浒传》第一回，"张天师祈禳瘟疫 洪太尉误走妖魔"节选为代表，分析两位译者对基础兵器翻译的异同：

例：史进十八般武艺，矛、锤、弓、弩、铳，鞭、锏、剑、链、挝，斧、钺并戈、戟、牌、棒与枪、杈，一一学得精熟。

赛译：*The young man Shih learned well each of the instruments of war. The long spear, the hammer, the repeating bow which can let fly one arrow after another, the rocket, the club, the double-edged sword, the chain, the whip, the battle axe, the long-handled battle axe, the small sword, the hooked spear, the shield, the staff, the longsword, the rake-like hook……*

沙译：*Wang Jin instructed the young man every day, teaching him the use of the eighteen weapons: lance, mallet, long bow, crossbow, jingal, jointed bludgeon, truncheon, sword, chain, hooks, hatchet, axe, trident, halberd, shield, staff, spear and rake……Shi Jin became adapt at the eighteen weapons.*

在以上十七种基础兵器翻译当中，赛珍珠和沙博理都遵从了中文的排列结构，但在选词上有很大的不同。赛珍珠在选词方面偏向于选用异化的翻译方法，注重在结构和语言上尽量还原原著；沙博理更偏向于选用归化的翻译方法，提高译入语读者的文化接受程度。以"矛"为例，赛珍珠选择了"long spear"，而沙博理选择了"lance"一词。"lance"在《牛津高阶英语词典》中，lance 指的是旧时骑兵所用的长矛，而史进相较于陆战更擅长于马战，因此笔者认为在"矛"一词中，沙博理用词更加贴合人物形象，更加准确。而锤子的中西方文化意象差别不大，译为"hammer"即可。但在"锤"一词的翻译当中，沙博理选用了"mallet"一词。在笔者查阅了《牛津高阶英语词典》和《韦氏高阶英汉双解词典》后发现，在英式英语当中的"mallet"指的是槌球和马球运动中的木槌、球棍、球棒，而在美式英语当中指的是头部像桶型的锤子。按照美式英语的释义，"mallet"能准确地反应锤子的外形。但译者若过分倾向于使用美式英语单词，会让使用英式英语的读者对该兵器产生误解。这也提醒了译者们在翻译兵器的用词方面要尽量选用在不同文化背景下不会产生歧义的词语。在"弩"的翻译当中，两位译者的翻译风格有了明显的区别：赛珍珠将"弩"进行增译，并将其解释为"the repeating bow which can let fly one arrow after another（可以连环射

箭的弓）"；而沙博理则译为"crossbow"。单从 "弩" 这个兵器名称翻译的准确性来说，沙博理更胜一筹，但是从译介学角度来说，赛珍珠译本对于"弩"的解释性翻译，是对于兵器文化的解读和传递。如果能够将二者的翻译结合，变成"the crossbow which can let fly one arrow after another"则会更加准确。

3.3.2 材质加基础兵器的翻译

材质加基础兵器的翻译当中难度不大，只需首先掌握兵器类别再了解兵器的材质即可。二位译者在此类兵器翻译中所采用的翻译方法基本一致，基本采用以直译为主，增译为辅的翻译方法。如表 1 所示：

表 1 材料加基础兵器名称的兵器翻译对比

Table 1 Weapon name translation comparison of material plus basic weapon name

兵器名称	赛珍珠翻译	沙博理翻译
钢刀	steel knife	steel knife
白铁刀	precious dagger	iron blade
钢鞭	club	iron whip
铁笛	flute	metal flute
皮靶弓	leather-handled bow	leather-handled bow
混铁禅杖	a fine staff polished with stone and water/ iron staff	Buddhist staff of burnished metal/ solid iron Buddhist staff
擂木炮石	great beams of wood （which were used to crushed enemies who might approach） the missile stones	logs and boulders

在 "白铁刀" 的翻译中，沙博理遵循原文直译为"iron blades"，而赛珍珠结合上下文语境将该兵器中的材料 "白铁（名词）" 转换为 "珍贵的（形容词）"，对兵器翻译在文中的灵活运用值得学习。

3.3.3 文学性描写加基础兵器的翻译

在对兵器外观的文学性描写加基础兵器的兵器翻译中，首先要确定兵器的类别，其次要了解该兵器名称中的文学性描写背后的文化内涵，分析文学性描写的可译性和不可译性。两位译者在此类兵器翻译方法的选择上有较大分歧。如表 2 所示：

表 2 兵器外观的文学性描写加基础兵器的兵器名称翻译对比

Table 2 Weapon name translation comparison of literary description of the appearance of weapons plus basic weapon name

兵器名称	赛珍珠翻译	沙博理翻译
雕弓	eagle bow	bow
鹊画弓	carved bow	magpie-decorated bow
鈚箭	golden arrow	long slim arrow
凿子箭	a quiver full of chisel-shaped arrow	a quiver of arrows with wedge-shaped heads
苦竹枪	fence of sharped-pointed bamboos	dense proliferation of bamboo spears

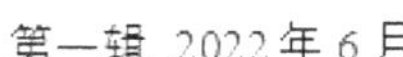

蓼叶刀	a knife the shape of a lily leaf	short dagger
丧门剑	double-edged sword	lethal blade
水火棍	clubs	solid iron rod shot /staves
齐眉短棒	staff as high as his eyebrows	staff
丈八蛇矛	steel-pointed spear eighteen long	steel-tipped lance eighteen feet long
方天画戟	bladed spear	crescent-bladed halberd
鬼头靶法刀	a thick, sharp, devilish, beheading knife	a sword with a demon's head hilt
混世魔王剑	magic dagger	two-edged sword

从上表中我们可以看出，赛珍珠和沙博理在翻译兵器当中的文学性描写时，对于具有可译性的文学性描写比如在"雕弓""鹊画弓""丈八蛇矛"这些以动物为意象的文学性描写中，两位译者主要采用增译法进行细节描写和解释。但在对于不具有可译性的文学性描写当中，主要采用省译法和改译法。比如在"混世魔王剑"中，混世魔王一词主要用于形容给扰乱世界、给人类带来灾难的人，是对于这件兵器使用者性格特征的一个侧面反映，并不是真的有混世魔王剑，而且混世魔王在英文当中并没有完全对等的文化意象，若一昧的进行直译、死译会降低译入语读者的文化接受程度。沙博理省译为"two-edged sword"未尝不可，但是这样的翻译不能反映出兵器使用者的性格特征和身份地位。而赛珍珠翻译为"magic dagger"的"magic"一词，不仅生动形象，还能引起译入语读者对于兵器和兵器使用者的无限遐想。但是在兵器"苦竹枪"的翻译中，两位译者都突出了枪的材料是竹子，但是赛珍珠选用的"fence"除了有栅栏的意思外，还有剑术的意思。这反映出译者没有把握住兵器的实质是枪而不是剑，属于用词不当。而沙博理的翻译中的"dense proliferation（密集的增殖）"更是让读者摸不着头脑。

值得注意的是，两位译者在对"鈚箭"的翻译中体现了对该兵器外观描述侧重点不同。鈚箭是一种薄而宽的箭，材质以铁质为主。赛珍珠的翻译"golden arrow（金色的箭）"着重于描述箭的颜色，而沙博理的翻译"long slim arrow"着重于描述箭的长度和形状，体现了男性译者和女性译者在翻译时的关注点不同，也给译者翻译兵器名称提供了新思路。

3.3.4 兵器用途加基础兵器的翻译

在兵器用途加基础兵器的兵器名称的翻译方面，两位译者在翻译方法上基本达成一致。

表 3 兵器用途加基础兵器的兵器名称翻译对比

Table 3 Weapon name translation comparison of weapon use plus basic weapon name

兵器名称	赛珍珠翻译	沙博理翻译
剔骨尖刀	sharp pointed knife	paring knife
解腕尖刀	crooked short sword	sharp knife/dagger
剜心尖刀	the pointed knife	a sharp knife

如表 3 所示，笔者以"剔骨尖刀""解腕尖刀"和"剜心尖刀"为例，对比了赛珍珠和沙博理的翻译后发现，在对于兵器用途加基础兵器的翻译当中，两位译者主要以删减为主。"剔骨""解腕"和"剜心"其实是描述同一种尖刀在三种不同用途下的文学性描写。但是由于文字过于血腥，并且杀戮在

一些西方国家是不详、残暴的象征，在阅读时容易造成目的语读者的不适，更会误导读者对"侠"精神的正确认识。因此，在这三个例子当中，两位译者很好地把握了翻译的尺度问题，对不可译的部分进行了删减，从译介学的角度来说，这是贴合目的语读者风俗文化的一种体现。

3.3.5 混合型兵器的翻译

混合型兵器名称的构成比较复杂，在兵器翻译难度中最大。赛珍珠主要以直译为主，增译为辅的翻译方法，沙博理则对兵器名称中难译的部分进行了删减。

表 4 混合型兵器名称的兵器翻译对比

Table 4 Weapon name translation comparison of mixed-type weapon name

兵器名称	赛珍珠翻译	沙博理翻译
竹节虎眼钢鞭	club notched like a bamboo（marked with tigers' eyes）	the steel rod ribbed like bamboo
混铁点钢枪	steel spear	steel-inlaid lance of pure iron
出白点钢枪	polished spear-bow	steel-tipped spear
青铜护心镜	blue steel plates	plates of bronze protected his chest and back
枣木槊	great wooden club	a datewood lance(eighteen feet long)
铜[illegible]磬口雁翎刀	a knife blade curved as a brass gong and shaped like an eagle's feather at the point	sword
（两条）水磨八棱钢鞭	two iron clubs, octagonal in diameter, and gleaming as bright as water in the sun	two octagonal steel rods polished bright as water
流星水磨八棱钢鞭铜锤	chained hammer	bronze comet hammer

以表 4 为例，在"混铁点钢枪"和"出白点钢枪"中，两位译者的翻译出现了较大问题。首先，"混铁点刚枪"和"出白点刚枪"中的基础兵器是"点刚枪"而不是"钢枪"。点刚是一种炼钢工艺，点刚枪是一种浑身由木制而成、仅枪尖为钢制的长兵器。虽然二位译者把枪的材质和外观译了出来，但是忽略了枪的制造工艺的可译性。其次，"出白"指的是刀（枪）进刀（枪）出，不沾一滴血，这种文学表现手法除了能展示兵器的锋利和武器持有者的枪法了得以外，也能反映中国古代高超的兵器制造技术，也是从侧面传递给读者中国古代兵器文化的繁荣。译者在翻译时，不妨考虑以音译和直译相结合的翻译方法（Chubai steel-tipped spear），并对"出白"这一概念进行解释。赛珍珠主要从兵器的材质把握翻译，将"出白点刚枪"译为"steel spear（钢枪）"，而忽略了兵器的制作工艺和功能。又将"青铜护心镜"译为"blue steel plates（蓝色钢板）"，首先是没有弄清兵器的材质是青铜（bronze）而不是钢（steel），其次是没有弄清在中文当中"青（Cyan）"和"蓝（blue）"是两种不同的颜色。在"枣木槊"的翻译当中，赛珍珠翻译为"great wooden club（极好的木棒）"，首先未将"枣木"译出，其次没有弄清"槊"的兵器类别。而沙博理采用了增译法，将其翻译为"a datewood lance(eighteen feet long) 枣木槊（十八英尺

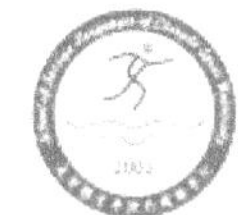

长）"：首先，沙博理在兵器材质的把握上要更具体；其次，槊属于长杆矛，是一种外观与枪矛完全一致的武器，沙博理对兵器更加了解，并且在兵器类别词语的选用上更加严谨；再次，沙博理通过对兵器外观的解释性翻译，有利于引导译入语读者对槊外观的了解和联想；最后，沙博理在对兵器外观的长度进行解释时，采用的单位是英尺（译入国丈量单位），也是为了能够在用词上贴近译入国的用词和习惯。

3.3.6 其他类型的兵器翻译

在《水浒传》中，原语中以包含兵器作为比喻或俗语的文学性表达（并非特指某一种真实存在的兵器）非常多。以"鸟刀"为例，赛珍珠将其翻译成"accursed knife（被诅咒的刀）"，而沙博理翻译为"shitty thing（破东西）"。"鸟"在中文中除了指尾羽长的飞禽外，也指人、畜的雄性生殖器（骂人的脏话）。鸟刀指的是刀的质量差，在《水浒传》中是由于杨志所出售的祖传宝刀的价格超出了有意向购买者的预期价格，购买者对于刀本身和刀价格产生的质疑时所用的粗俗用语，而并非真的有"鸟刀"这种兵器的存在。赛珍珠的翻译虽然是对原文中粗俗的表达进行了美化，但与原文想要表达的意思差了十万八千里。而沙博理的翻译则尽量还原了原文的语言呈现，以一种更加贴近译入语读者用词习惯，并以较能够接受的语言表达方式进行了翻译。

4 结语与建议

4.1 结语

在译介学视理论的指导下，本文对《水浒传》两英译本中共同出现的传统兵器翻译进行了对比分析。两位译者在充分尊重原著对前提下，根据兵器命名规律并结合上下文，使用了不同的翻译方法。赛珍珠偏向于选用异化的翻译方法，注重在结构和语言上尽量还原原著。沙博理更偏向于选用归化的翻译方法，大胆地进行了删减、改写，提高译入语读者的接受程度。此外，虽然二位译者在兵器翻译上都存在少量误译的情况，但也最大限度地启发读者对兵器持有者社会地位、性格特征、年龄、身体力量等方面的判断，并通过丰富兵器翻译中的文化传递，体现了武术小说所蕴含的丰富的武术文化信息，能够一定程度地提高译入语读者对于武术文化的了解程度，促进武术文化在译入国的交流和传播。

4.2 建议

兵器翻译首先要保证翻译兵器类别的准确性，这要求译者对兵器要有足够的知识储备，并注意兵器类别的划分，其次是兵器的材质，再次是外观特征，最后是兵器名称中的文学性表达。兵器名称中的文学性表达是兵器中所蕴含的武术文化的一个重要载体。在能够确保兵器类别、材质、外观特征等方面翻译的准确性后，需要对兵器名称的文学性表达的可译性和不可译性进行评估，若译入语读者的对兵器名称文学性表达的接受程度较差，可适当地对兵器名称进行删减和改写，以确保兵器中包含的武术文化内涵能够符合译介行为中的文化传递的一般规律。其次，在兵器翻译的问题上还需要注意翻译尺度问题。在翻译兵器名称的过程中，译者需要充分尊重译入国的宗教、风俗、文化、语言表达和用词习惯。比如在一些以基督教为国教的国家，对于兵器中带有的"血""恶魔"等的文学性表达在不影响上下文理解和原文的情感表达的前提下要注意规避和改写。对于译出国和译入国共有的但暗含不同内涵的文化意象，要注意区分。此外，笔者通过对《水浒传》两英译本的研究发现，兵器翻译中极少使用音译法和添加注脚。比如"龙"在东方神话传说中是代表神圣、吉祥、尊贵、皇权，而"龙"在西方神话传说中则是邪恶的象征。若在兵器的文学性表达中出现了"龙"这个文化意象，比如"青龙偃月刀"是天勇星关胜的常用兵器，但是若不对"龙"在中国文化意象中进行解释，译入语读者可能会对"青龙偃月刀"的武器

持有者的性格特征和善恶的认知产生巨大偏差。由于《水浒传》中的传统兵器具有强烈的民族特色，当中存在许多在英文中找不到对应翻译的兵器，比如"锐"，译者在面对此类兵器时则需搞清兵器的外形特征和用途，并对其的进行解释性翻译，在不影响读者观感的前提下可附上兵器图片，有利于读者理解。

参考文献

[1] 滕雄.小议武侠小说中兵器名称的翻译[J]. 外国语言文学研究，2007(02):14-18+90.

[2] SUN K. An investigation of english translations of terms for weapons in classic chinese literature: a case study of two english translations of Romance of the Three Kingdoms[J]. HongKong: Translation Quarterly, 2011, 59(3): 51-83.

[3] RU R. Translation of names of ancient chinese weapons from the perspective of nida's equivalence theory - a case study of San Gua Yan Yi [D]. The University of Queensland, 2013.

[4] 杨艳.《水浒传》两英译本之比较鉴赏——以沙博理和赛珍珠译本中绰号和兵器为例[J]现代妇女(下旬), 2014(05):292.

[5] 程俊乐.功能对等视角下《水浒传》中兵器名英译研究[D].西华大学,2018.

[6] 韩利峰.《水浒传》中传统兵器名称的维译研究[D].喀什大学,2016.

[7] 谢天振.译介学[M]. 上海外语教育出版社,1999.

[8] 李鹏程.译介学视角下武术术语翻译的文化缺省研究[D].广西师范大学,2019.

Study on the Translation of Ancient Chinese Weapons from the Perspective of Medio-Translatology: A Comparison between *All Men are Brothers* by Pearl S. Buck and *The Outlaws of the Marsh* by Sidney Shapiro

Abstract

Wushu literature is an important field of Wushu translation research. Under the background of introducing Chinese traditional culture to the world, translation of Chinese classical Wushu literature is not only a channel for the exchange of Wushu culture, but also an effective means to promote the dissemination of Wushu culture in the target language countries. Weapons are an important aspect of Wushu culture, and they are also one of the hot topics in the international dissemination of Wushu culture. Based on the Medio-Translatology theory, this paper compares the translation of ancient Chinese weapons in All Men Are Brothers by Pearl S. Buck and The Outlaws of the Marsh by Sidney Shapiro. It discovers that the two translators mainly adopted the literal translation method when translating the translatable part of the weapons. For the non-translatable part of the weapons, Buck tended to explain by amplification, while Shapiro is to delete and rewrite. By further comparing the key points and differences in the literary expression of weapon translation, it reveals the respective advantages and disadvantages of the two translations. Finally, it puts forward relevant suggestions for improving the translation of ancient Chinese weapons.

Key Words：*Medio-Translatology; Translation of the Names of Weapons; All Men are Brothers*

多元化传统体育术语的深度翻译研究

陈晓芳，李在辉

成都体育学院，四川成都，610041

摘 要：中国传统体育历史悠久，分布于不同区域的不同民族蕴藏着不同的人文思想和哲理内涵。传统体育术语的英译对于传播中国富有民族特色的体育文化具有十分重要的意义，然而，目前国内对传统体育术语的英译尚处于起步阶段，许多体育术语翻译仅采用直译、音译、意译等方法进行简单介绍，缺乏对背景知识及相关信息进行深度翻译的研究，无法有效传递传统体育项目所蕴含的文化信息。基于此，本文从深度翻译视角出发，分别从传统体育的多元化特性与深度翻译技巧两个方面论述了深度翻译在中国传统体育文化外译中的融合应用，以期为传统体育术语的翻译提供新的路径与方向。

关键词：深度翻译 传统体育术语 文化特征 融合

引言

  随着国家对体育的重视程度不断提高，中国已逐渐成为体育强国。与此同时，中国传统体育项目也开始走向国际舞台，传统民族体育项目表演与竞技俨然已成为中国对外文化交流的重要组成部分。体育术语翻译对于弘扬中国传统体育文化、促进传统体育项目迈向国际化具有重要的意义。中国传统体育项目极具民族文化色彩，体育术语也蕴含着复杂而独特的地域文化特色，故而精准地传统体育术语翻译对于国外友人深入了解中国体育文化具有十分重要且深远的意义。目前国内对传统体育术语的翻译已有一些研究，常采用直译、意译、音译等翻译方法，但这些方法往往过于注重体育术语表面意思的表达与传递，难以准确呈现体育术语背后的文化特性。此外，目前传统体育术语外译还存在译名不统一、译名不准确等问题[1]。如"蹴鞠"，译名有"CuJu"、"Cuju"、"football"、"Amercian football"等等。对于国外友人而言，由于语境文化缺失，其往往难以理解中国传统体育术语所表达的含义。为应对这一挑战，注释翻译法应运而生，即在术语翻译后加上备注解释，实际上这也是深度翻译的方式之一，但这种方式在体育术语翻译中尚未上升到深度翻译系统理论层面的研究，深度翻译在体育外译中的应用和理论研究都有待加强。由于中国传统体育运动的对外宣传仍在起步发展阶段，存在的问题在短时间内得到解决的可能性较小，因此更有必要应用深度翻译理论，在进行传统体育术语外译时附加评注，使目的语读者对词义有正确的理解，对文化有正确的认识，在一定程度上减少翻译时所带来的困扰。[2]因此传统体育术语的深度翻译研究的重点和难点是如何将其文化内涵更好地表达出来。本文从深度翻译视角出发，分别从传统体育的多元化特性与深度翻译技巧两个方面论述了深度翻译在中国传统体育文化外译中的融合应用，以期为传统体育术语的翻译提供新的路径与方向。

1 深度翻译

1.1 深度翻译理论简介

  "深度翻译"也称为"厚翻译"，是由美国哈佛大学非美文化研究中心学者夸梅·安东尼·阿皮亚

于 1993 年提出的一种翻译理论。深度翻译是指当翻译时不要浅显的停留在表面的字义翻译，而是应该深刻挖掘其内涵，给予目的语读者正确的理解。主要方法是通过解释、注释和评注等方法，把原文本所包含的文化信息以合适的方式展示给读者，给读者新鲜感，吸引读者了解源语文化，帮助读者更全面地理解原文本的相关背景文化知识，促进更好的理解与交流。该理论的诞生给翻译界注入一股新的活力。同时，深度翻译也可以作为一种翻译方法，通过给目标语读者提供背景知识，从而引发目标语受众群体对源语言的兴趣和关注[3]，从而发掘源语言背后承载的语义、语境、文化等内涵。据此，我们可以理解为深度翻译是通过评注或附注等方式把译文置于丰富的源语文化环境中，使源语文化特征得以保留。这是一种翻译的"文化转向"。[4]使得翻译研究的领域不仅仅局限于表面。把翻译研究的对象放在文化和社会的大背景中，通过译者完成历史文化的再现，使读者不仅理解所译内容的字面意思，更对其身后的文化内涵有所了解。深度翻译最大的特点是充分尊重并理解源语文化，将语言研究和文学研究结合起来，对那些极具丰富文化内涵的经典书籍、学术著作和内容不易被理解的诗词歌赋的翻译有很强的指导作用。[5]近年来,深度翻译理论得到了越来越多学者的接受和译界的认可。深度翻译的相关研究逐渐从国外延伸到国内，研究层面也从理论深入到实践不断加深。英国学者赫曼斯2003 年开始将深度翻译概念引入翻译研究领域,使当时的翻译研究者以一种崭新的翻译视角开展新的翻译研究与实践,进一步丰富了翻译理论研究,也促进了后续相关翻译理论研究的开展。国内对深度翻译的研究也已经有十多年，自 2004 年学者方梦之将该理论的基本概念介绍到国内之后,国内学术界对深度翻译进行了理论上和实践上的深入思考。2021 年 9 月 6 日,笔者以中国知网 CNKI 数据库为研究数据的主要来源,把"深度翻译""厚翻译""丰厚翻译""增量翻译"作为条件进行了主题检索。检索得出的可视化分析结果显示,进入 21 世纪以来中国深度翻译研究方面的文献发展呈现总体上升特点。2013—2020 年间递增迅猛，并在 2020 年达到高峰，总体显示出持续增长态势：

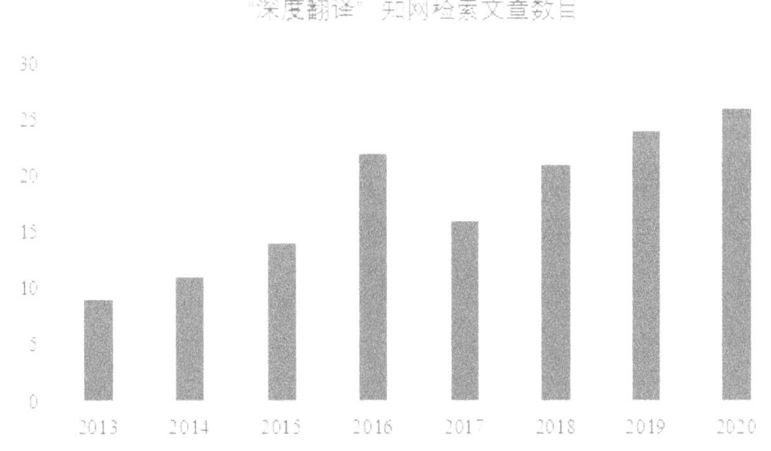

图 1 "深度翻译"知网检索文章数目
Table 1. The number of articles retrieved by CNKI about "Thick translation"

1.2 深度翻译理论的意义

现存的每一种语言的发展都经历了漫长的历程，具有不同的内涵与特征，翻译时或多或少都会遇到一些难题。深度翻译通过评注或附注等方式，为译入语读者提供必要的历史文化信息，它不同于"异化"翻译，在保持源语意义不变的基础上提供相关文化背景知识，彰显源语文化与译入语文化的差异，突显文化自信。自阿皮亚提出"深度翻译"理论以后，便逐渐受到翻译领域专家学者们的认同，

他们认为深度翻译理论可以协调译文的"忠实性"与"可读性"。[6]翻译的本质是不同语言之间的转换和信息的准确表达，要求把信息忠实地传达给读者。"忠实"要求译者能够忠实于原文，全面准确地表达原文的包含的文化信息，但有时会存在因为难以找到与原文信息对等的表达方式，而造成"可读性"的缺失。因此只既要满足译文对原文的"忠实"，又要实现其译文的"可读性"，才能更好地传达原文所表达的思想与内涵。这时深度翻译策略就能起到协调两者的作用。对特殊文化背景进行添加注释的方式不仅可以丰富译文，而且还可以弥补东西方文化的差异，促进读者对译文的了解和接受，进而有利于文化的交流传播。

2 传统体育术语

2.1 传统体育术语简介

传统体育指的是各族人民在不同历史时期所创造的以满足人们在不同历史时期身心发展所需要的体育活动行为。中华民族传统体育有着几千年的悠久的历史，其术语的命名方式也是多种多样的，有通过体育运动的样子命名的，有通过神话故事命名的，还有以动物命名的。使得其术语具有深厚丰富文化内涵等。体育术语是在体育的大环境中具有特定含义的单词的表达，具有专一、简洁、专业和系统性的特点。它的命名要求体现准确性、单义性、系统性和实用性。[7]中国传统体育术语的表达方式丰富多彩，但以术语标准来评判，则有许多需要改进的地方。因此，对传统体育术语的翻译需要进一步研究。

2.2 传统体育术语翻译特点

传统体育术语作为中国传统文化的重要组成部分,在其发展过程中避免不了不同文化之间的碰撞交流。尽管从表面上看,传统体育术语的翻译似乎是不同语言之间的转变,但某些具有特殊文化含义的术语的翻译确实存在一些问题。由于文化生活习惯的不同，对传统体育项目的翻译也需要精雕细琢。东西方文化差异也体现在传统体育术语的命名上，西方人习惯于尽可能清晰地描述一个动作的具体动作，侧重于体育对人产生的价值的培养。而中国传统文化则注重人和世间万物之间的关联性，因此产生了以摹仿动物动作、寓意于神话故事传说命名的项目。这样，中国传统体育术语的翻译就具有丰富鲜明的文化特色。[8]

3 多元化背景下的传统体育术语深度翻译研究

3.1 传统体育术语的文化性

中国的传统体育种类丰富，形式多彩，当我们观看传统民族体育竞赛或表演时，很容易被其壮观、开阔的场面吸引，而如果要深刻理解运动项目背后的文化内涵，则需要深入了解其产生和发展的背景。如"赛马"是北方的传统民俗体育，也是蒙古族青年男女结婚礼俗的内容。结婚这天，男家亲族骑马迎接，女家亲族骑马相送，途中互相竞赛，夺帽为戏。只有了解到北方的婚娶风俗，才能更准确翻译这个项目。因此，在翻译这项运动的术语名称时要附加评注，采用深度翻译方法。译为：*Horse racing: A traditional folk sport in the north, and it is also a custom for young Mongolian men and women to get married. On the wedding day, the relatives of the male family rode to greet them, and the relatives of the female family rode off to each other. Unmarried men and women dressed in fancy dresses rode horses to the grassland, chasing each other within the prescribed mileage. On the way out, the young man chased the girl, and on the return journey, the girl chased the young man. If the girl chased the young man, she has the right to whip him. If the girl is affectionate to the young man, she can only lift*

the whip up and down gently. （赛马：北方的传统民俗体育，也是蒙古族青年男女结婚礼俗的内容。在举行婚礼这天，男方亲戚骑着马迎接女方的亲人，女方亲戚也骑着马欢送女方，在路途中大家互相竞赛，以夺取帽子作为比赛的胜利。未婚男女都穿着漂亮的衣服，骑着骏马在草原奔腾，小姑娘和小伙子在规定的距离内互相追逐。如果小姑娘追到小伙子，她有权用鞭子打他，假如小姑娘喜欢小伙子，她便会高高举起鞭子但不会真的鞭打他，而是轻轻落下。）

3.2 传统民族体育术语的独特性

中华民族五千多年的发展过程中，丰富的历史积淀使我们传统文化的独特标志，而传统民族体育是独特的表现和传承形式，几乎每一项传统民族体育都包含有民族文化思想需要传承。例如"划龙舟"这项运动，它不仅中国汉族人民纪念屈原的传统节日习俗，也是汉族龙图腾文化的代表之一，逐渐演变成为一项古老的传统体育。"划龙舟"不仅仅传承了中国传统文化，还蕴含着团结、拼搏、奋斗的体育精神和念。因此要表达"划龙舟"的人文思想，宜采用深度翻译的方法。译为：*Dragon boating: A multi-person collective paddle competition. It is the main custom of the Han traditional festival Dragon Boat Festival. It originated in Jiangsu and Zhejiang. It was originally a festival for the Chinese people to cure diseases and prevent epidemics. During the Spring and Autumn Period, a dragon boat race held on the fifth day of the fifth lunar month. The custom of holding tribal totem sacrifices: after the death of the poet Qu Yuan on this day, it has become a traditional festival custom for the Chinese Han people to commemorate Qu Yuan, and it is also one of the representatives of the Han dragon totem culture. Dragon Boat not only inherits Chinese traditional culture, but also contains the sports spirit and philosophy of unity, hard work and enterprising.* （划龙舟：多人集体竞赛，用浆划船。是汉族传统节日——端午节的主要习俗，起源于江浙地区，一开始，是中国人民祛病防疫的节日。春秋时，有人在农历五月初五划龙舟，用于图腾祭祀。后因伟大的诗人屈原在这一天逝世，划龙舟便成了中国汉族人民纪念屈原的传统节日习俗，也是汉族龙图腾文化的代表之一。龙舟不仅仅传承了中国传统文化，还蕴含着团结、拼搏、进取的体育精神和理念。）

3.3 传统体育术语的复杂性

漫漫历史长河，中国武术走过了几千年的风雨历程，成为维系中华民族生存和发展的精神纽带。武术的哲学基础是阴阳五行、太极八卦等中国古典哲学。以健身气功为例，健身气功历史悠久，源远流长，内涵丰富，体现了人与自然的和谐，显示了中华传统文化的深厚的底蕴，是中华民族文化的不可分割的一部分。比如我们在翻译"健身气功"这一术语时，为了使目的语读者对其哲学思想有一定了解，要用深度翻译的方法。译为：*Health Qigong: A branch of Chinese martial arts that emphasizes the harmony between man and nature and shows the connotation of "the harmony between man and nature". It is a traditional national sport that combines physical activity, breathing, breathing, and psychological adjustment as the main form of sports. It is an important part of the long-standing Chinese culture. It has a unique effect on enhancing people's psychological quality, improving people's physiological functions, improving people's quality of life, and improving moral cultivation.* （健身气功：中国武术的一个分支，着重表现人与自然的和谐，显示了"天人合一"的内涵。是以自身形体活动、呼吸吐纳、心理调节相结合为主要运动形式的民族传统体育项目，组成了灿烂悠的中华文明。有利于增强人的身心健康，提高人的生活质量和道德修养等。）

3.4 传统体育术语的趣味性

中国传统体育术语常常以动物的动作命名，寓意悠长深远，如我们经常听说的"五禽戏"就是中国古代体育锻炼的一种方法，创始人是东汉末年名医华佗。华佗善于观察总结，他看到前人模仿虎、鹿、熊、猿、鸟的动作和姿态来锻炼身体，以此创编了一套保健体操。为此可将"五禽戏"深度翻译为：*Wu Qin Xi (Five-Animal Exercises): a method of physical exercise in ancient my country. The founder was Hua Tuo, a famous doctor in the late Eastern Han Dynasty. Hua Tuo summarized the traditional practice of predecessors imitating the movements of birds and beasts to exercise, and created a set of health gymnastics, including the movements and postures of tigers, deer, bears, apes, and birds. Can move the muscles and bones of the whole body.* （五禽戏是我国古代人们体育锻炼的一种方法，东汉末年名医华佗总结了前人模仿虎、鹿、熊、猿、鸟的动作和姿态创编了一套保健体操，让全身的筋骨得到活动放松，有利于强身健体）。[9]

3.5 传统体育术语的继承性

一些传统体育术语从字面上来看，意思似乎很简单，但深刻了解以后发现其中往往还包含有更深层次的意义。[10]如"舞狮子"表面来看就是跳舞的狮子，但是舞狮子不仅仅是指舞蹈的狮子，它更是中国优秀的民族艺术，同时也是一项深受各族人民喜爱的传统体育项目。在广西壮族民间，相传敲锣打鼓的声音可以把怪兽赶走，保证人们的平安，可以驱邪除害，永保丰年，从而舞狮子逐渐成为一种风俗。因此在翻译"舞狮子"时采用深度翻译方法译为：*Lion Dance: According to legend, when people went out hunting in the Song Dynasty, they took the two lion toys made by themselves and rushed in front of the hunting team pretending to be lifelike lions. In addition, they beat the gongs and drums to drive the harmful beasts into the pre-dug traps. As a traditional folk sports performance in my country, the main feature of lion dance is to show people the mighty power of the king of beasts through various performances of lions. More importantly, lion dance performance has become a grand festive ceremony.* （舞狮：相传在宋代人们外出打猎时，会把亲手制作的狮子玩具头套带上，假扮成逼真的狮子走在队伍的最前面，这样再加上敲锣打鼓，野兽就因为害怕而落入事先准备好的陷阱里。舞狮这项传统体育表演项目主要是通过狮子的各种表演动作，向人们展示出百兽之王——狮子的熊熊威风，现在，舞狮表演逐渐成为隆重的喜庆欢迎仪式）。

4 深度翻译下的传统体育术语翻译技巧

4.1 添加注释

通过添加注释的形式来补偿不同语言之间的文化差异，深度翻译理论作为读者和译者之间的桥梁，可帮助目的语读者更好地理解原文本的含义。[11]同时，深度翻译作为一种重要的翻译策略，它在实现翻译的过程中，因为承载着不同的信息或文化，因此在不同文化的交流中都具有重要且深远的价值。

4.1.1 直译加注释

唐代盛行打马球，又称马上曲棍球，是骑在马背上用长柄球槌追击木球的运动。关于马球的起源，一直没有准确的定论。有相传是唐初由波斯(今伊朗)传入，被称为"波罗球"，后来传入蒙古，一直到现在；也有人认为打马球运动是土生土长的中国运动，古代的击鞠、击球、打球即为打马球。但是在中国历史上，打马球开展于宫廷与民间，却是不容置疑的。"击鞠"开始于汉代，东汉的古诗词

中就有描写当时人打马球的情形。[12]根据深度翻译理论，笔者以为应当这样翻译打马球：*Play polo: Riding on a horse to hit the ball with a cue to get started. It is popular in Mongolian folk games and sports. It is conducive to physical fitness and is also a leisure and entertainment activity for people.*（打马球，骑在马上用球杆击球入门的活动：是流行于蒙古族民间马上游戏和运动项目：有利于强身健体，也是人们休闲娱乐的活动）。

4.1.2 音译加注释

汉朝初年，汉高祖刘邦因为喜爱蹴鞠运动便专门在宫廷里修建了一个蹴鞠的场地，作为御林军举行比赛和定期检阅军队的场所。汉武帝刘彻的鸡鞠之会就是指经常在宫廷之中举行斗鸡和蹴鞠的比赛。汉成帝刘骜还因为沉迷蹴鞠受到大臣的的非议。[13]除宫廷外，汉代蹴鞠在贵族和民间贵族府邸中也十分常见，大街小巷随处可见有人在玩蹴鞠。成都体育学院博物馆里的一副汉代蹴鞠图便可以深刻反映这一点。那么，蹴鞠应该怎么翻译呢？根据深度翻译理论，笔者以为这样翻译最为恰当：*Cuju: It is an ancient football game in our country. "Cu" has the meaning of kick. "Ju" was originally a ball outsourcing leather and rice bran. Therefore, "Cuju" refers to the activities of ancient people kicking, similar to today's football. Used for martial arts, entertainment, and fitness.*（蹴鞠是我国古代的一种足球运动。"蹴"有用脚提的含义。"鞠"最早是外包皮革、内实米糠的球。因而"蹴鞠"就是指古人以脚蹴踢皮球的活动，类似今日的足球。用以练武、娱乐、健身）

4.1.3 意译加注释

对于一些有历史渊源和浓厚中国文化背景的词语，译者会面临不可译的困境。采用直译，按照字面意义翻译，往往令人费解。如果采用音译又容易使词语的民族文化特质缺失，读者体验不到新鲜感和异域特色，从而影响翻译的传播效果。仅仅对原文形式的翻译可能引起读者对所指意义的不明确，所以字面翻译可以保留但必须增加脚注，来进一步解释其意义。[14]例如"白鹤亮翅"，是太极招式之一。陈氏太极拳第八代传人陈鑫的《陈氏太极拳图说》中记载："如白鹅之鸟舒展羽翼象形也"。根据深度翻译理论，笔者以为这样翻译最为恰当：*the crane spreads its wings: The action is like a white crane spreading its wings. Although the action stretches, it has certain offensive and defensive capabilities. Its movement is to follow the right foot to the right, point the toe on the right foot, stretch the left hand forward, and separate the right hand to the upper right and the left hand to the lower left.*（白鹤亮翅：动作像一只白鹤展开双翅，虽然动作舒展，但是有一定的攻防能力。它的动作是随着右脚向右侧迈出，以脚尖虚点于右脚旁，左手前伸，右手向右上、左手向左下弧形分开。）

4.2 添加评注

除了前文提到的注释方法外，评注也是深度翻译常见的另一种手段。鉴于原文读者与译文读者之间存在的文化差异，为了便于译文读者容易接受，通过添加各种评注可以将文本置于丰富的文化及语言环境中，以此为读者提供理解译文所需的信息、知识和文化背景。[15]例如当我们谈论到蹴鞠的时候可以再旁边评注上：*The character of Cu shows that is a sport similar to kicking a ball.*（蹴鞠的"蹴"字生动形象的展示了它是一项类似于踢球的运动）。谈论到打马球的时候可以在旁边评注：*It is a sport on horses. Due to the scarcity of horses at that time, it was not a very popular sport.*（打马球是一项在马上的运动，由于当时拥有马的人数较少，所以这并不是一项十分普及的运动）。谈论到白鹤亮翅的时候，我们可以说：*This is a cool and difficult action.*（这是一个很酷也比较难的动作）。

5 结语

　　本文分别从传统体育术语的多元化特性与深度翻译技巧两个方面，探讨了深度翻译理论在传统体育术语翻译中的融合应用。"深度翻译"视角下的传统体育术语翻译，为读者或观众提供了体育术语源文化语境，尽量保持了源文化内涵，其可以采用注释、评注方式可拓宽译文的文化语境、补偿翻译中缺失的文化信息、帮助读者更好地理解传统体育文化特性，同时也增强了译文的接受度，使受众可以充分感受传统民族体育文化的魅力与特性。在进行传统体育术语英译时，可以从文化特性、翻译技巧等多个角度应用深度翻译的方法，使传统体育术语得到最忠实的展现，同时对于弘扬中国传统体育文化，推动中国体育文化走向世界具有积极的意义。

参考文献

[1] Qingyun Wan and Yong Hu. A Study on the English Translation of Shupu From the Perspective of Thick Translation[J]. *Studies in Literature and Language*, 2020, 20(2): 41-45.

[2] Susan, Bassnett & Andre, Lefevere. *Constructing Cultures：Essays on literary Translation*[M]. Shanghai: Shanghai Foreign Lauguage Education Press, 2001

[3] Kwame Anthoy Appia. Thick Translation[M]// Lawrence Venuti. *The Translation Studies Reader*. London amp;New York：Routledge,2000.

[4] 章艳，胡卫平.文化人类学对文化翻译的启示——"深度翻译"理论模式探索[J].当代外语研究，2011，(2):45-49.

[5] 陈宁，叶晓分.中国陶瓷典籍深度翻译的首次尝试——论《景德镇陶录》儒莲法译本的价值[J].中国科技翻译，2016，(3): 58-61.

[6] 黄小芃.再论深度翻译的理论和方法[J].外语研究，2014, (2): 72-76.

[7] 梁思宇.我国体育术语的标准化研究[J].运动，2016(11):145-146.

[8] 席向阳,赵犇.传统太极拳招式名称研究[J].体育文化导刊，2012(08): 121-124+132.

[9] 左自强."五禽戏"功法名称的文化内涵及英译探析[J].中国科技术语，2020, 22(05): 68-71.

[10] 朱博灵.深度翻译视角下民族传统体育术语的英译探讨[J].运动精品，2020, 39(12): 45-46.

[11] Long Shangzhen. An Analysis of In-text Thick Translation Strategies in the English Translation of The Three-body Problem[J]. *Frontiers in Educational Research*, 2021, 4(6).

[12] Sharma Pankaj. Pankaj Sharma: Addicted to playing polo. [J]. BMJ (Clinical research ed.), 2015, 351 : h3960.

[13] 王永富,郭涛.中国古代蹴鞠与现代足球的关联[J].山东理工大学学报(社会科学版), 2020, 36(03): 107-112.

[14] 耿延宏.论翻译再现的层次[J].燕山大学学报(哲学社会科学版)，2005 (8): 53

[15] 黄丽娟.论典籍英译中的厚翻译——以《庄子》为例[J].英语广场(学术研究)，2012 (11): 41.

Thick Translation Research on Diversified Traditional Sports Terms

Abstract

Traditional sports in our country have a long history, and different ethnic groups in different regions contain different humanistic ideas and philosophical connotations. The English translation of traditional sports terminology is of great significance for spreading the national sports culture of our country. However, the current domestic translation of traditional sports terminology into English is still in its infancy. Many sports terminology translations only use literal translation, transliteration, and free translation. A brief introduction, lack of research on in-depth translation of background knowledge and related information, and unable to effectively convey the cultural information contained in traditional sports. Based on this, this article starts from the perspective of in-depth translation and discusses the fusion and application of in-depth translation in the foreign translation of traditional sports culture in my country from different perspectives, in order to provide a new path and direction for the translation of traditional sports terms.

Key words: thick translation, traditional sports terms, cultural characteristics, fusion

中国武术的对外传播问题、成因以及启示

陶文琦，方永兰

成都体育学院外国语学院，四川成都，610041

摘 要：中国国家实力日益强大，然而文化软实力的输出却远不及经济发展的速度，要想实现中华民族的伟大复兴，必须软硬结合，相辅相成。中国武术作为中国传统文化的组成部分，不仅是中国传统文化的瑰宝也是中国文化对外的名片，其作为中华民族精神的载体之一，更是对外宣传中国传统文化有力的纽带，发扬中国武术文化是实现中国梦的必然选择。本文运用文献资料法、逻辑分析法为基本方法分析了中国武术对外的传播问题、成因以及运用类比法从空手道、柔道等项目的发展经验中梳理出对中国武术对外传播的启示。

关键词：中国武术；对外传播；问题与启示

中国武术博大精深，儒家文化圈内不少格斗运动都源于中国的武术，如：韩国的跆拳道、日本的柔道、空手道等。但与后者相比，中国武术在国际上的传播确实不尽人意，不论是跆拳道还是柔道都在奥运会项目之列，且 2016 年空手道也曾作为夏季奥运会的候选项目，但中国的武术却是在入奥之程上屡屡受挫，这不免使国人对中国武术的传播产生质疑。确实，国内对于武术的研究层出不穷，见图 1，但国外对于中国武术的研究却是寥寥无几，见图 2，这强有力的说明了中国武术对外传播的不力。对此，本文将总结归纳现如今中国武术对外传播的问题、成因以及结合其他格斗类项目并进行对比发表一些看法。

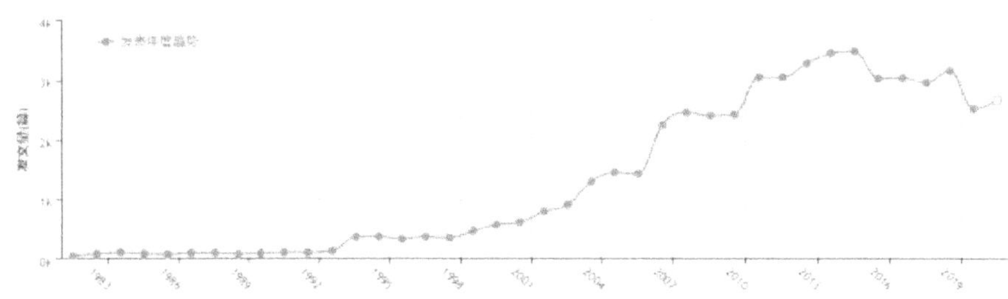

图 1 武术研究中文文献发表年度趋势

Graph 1 Annual Trend of Chinese Literature Publishing on Wushu Research

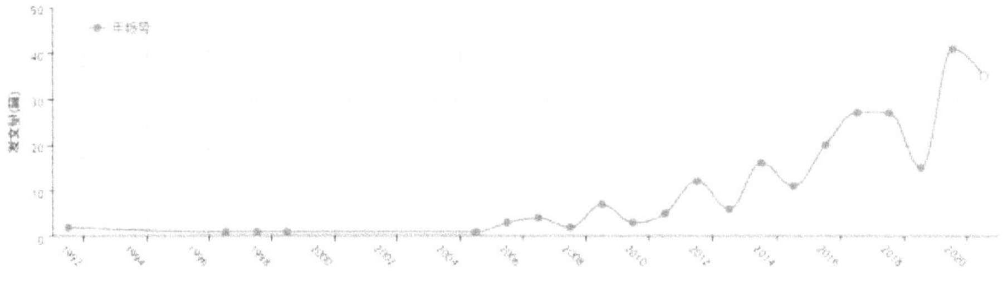

图 2 武术研究英文文献发表年度趋势

Graph 2 Annual Trend of English Literature Publishing on Wushu Research

1 中国武术对外传播的问题

1.1 重竞技，轻内涵

中国传统武术不仅仅是身体上的技能，且蕴含着博大的中华文化和民族精神。中国武术门派众多，每一家都自成一派，在拥有自己的一套技术体系的基础上，还发展出了自己独有的文化内涵与特质。比如，少林武术发源于河南，是建立在佛教"禅"文化基础上的一种功夫文化，又称"武术禅"。而这一门派又分可以分为五大流派，分别是河南少林、峨眉少林、武当少林、广东少林和福建少林，广义的还有南少林和北少林，实属繁杂。[1]

而中国武术的对外传播，为了迎合现代竞技体育的特征，忽略了武术本身的文化内涵，忘记了武术不是一种单纯的技术，而更多的是一种文化。所以在对外传播时，只是简单地传授给求学者外在的动作技术，而忽视了内在文化精神。就算是传授者有想法教授给求学者中国武术更加深厚的内涵，传播中国的文化，可能其自身是心有余而力不足。

1.2 重商业化

将文化作为一种商品在通过市场的手推动其传播，是现代文化传播最快的方法，这种方法不仅迅速而且有效，许多文化都是通过在市场上流动而广为传播。但由于市场的弊端，人性的贪婪，推出这些文化商品的人总会造成市场的恶性竞争。中国武术作为中国传统文化的名片之一，无疑成为了商人们眼中的香饽饽，谁人都想凭此分一杯羹。更何况中国传统武术门派众多，各自都想发扬自己的品牌，就会出现对对方的诋毁和谩骂，造就了现在中国武术对外传播的分散以及混乱。例如，"我国福建各地的咏春拳因门派众多，为了巨大的商业利益，各个分支都自诩正宗，对于其他支派进行诋毁，甚至拔拳相向，咏春传人之争闹得沸沸扬扬，极大地伤害了这项运动的健康发展。"[2]

1.3 重娱乐表演性

现今绝大多数的国际友人对于武术的了解都单单来自于影视作品。不论是电影还是电视剧，这些作品里的武术元素都比较神化，如轻功，导致他们认为中国武术是一种类似于超能力的技能，国外对中国武术日益神化，就像是我们对日本忍术现有的认知一样，所以即使人们对中国武术感到新奇，也只会远观不会学习更别提深入了解，因为在他们看来这只是一种表演效果。其次，从武术原来的英译 Martial Arts 中 arts 这一词看出，人们对武术的认知停留在了艺术这一层面，笔者不否认武术所具有的艺术性，但武术的艺术性不能涵盖它也不能代表它本身的含义。

1.4 术语翻译不统一

不提一些招式的名称翻译，就单说"武术"二字就有许多翻译，虽然现在统称为"Wushu"但由于历史、地域等众多原因 Martial arts、Chinese Kungfu 等名称深入人心如表 1，导致整个武术的对外翻译显得杂乱无章。

国家/地区	武术术语	习惯译法	备注
南非、法国	武术	Kungfu	功夫
新加坡等地区	武术	Martial arts	国术
韩国、伊朗、俄罗斯、阿尔及利亚等	武术	Wushu	武术

表 1 "武术"在不同地区的习惯译法[3]

Table 1 Customary translation in other countries

2 问题的成因

2.1 武术协会众多管理混乱

目前中国武术是由中国武术协会、国家体育总局武术运动管理中心以及武术研究院三大机构领头，各省市县成立了相应的分支机构。这些机构一方面要领头起草、制定、颁发法规文件，另一方面又要全权举办各种武术赛事，但由于武术门派众多，各大门派协会也不止一个，管理起来难免会出现混乱状况。随着社会的飞速发展，"管办一体"的管理体制已经不在社会中华武术的国际传播与发展[4]。

其次，各大协会都只有自己一派的管理体系，在对外传播方面都只顾自己门派，造就了零散传播的局面。随着武术的名气渐渐打响，国内外成立了大大小小数不尽的武术表演团队和武术培训机构，这些团队和机构受邀参加各种活动的开闭幕式、商业演出以及传授培训活动等，实现了高度商业化。但这些武术团队和传授机构此起彼伏、规模参差不齐。有些是国家级别的团队，代表了我们整个国家，弘扬了整个中国武术的文化；而一些是地方省市甚至是县级别的，代表着它们那个地域所属的文化；还有的培训机构为了榨取武术的商业价值，随便在国内找一些只学了几天太极的人去国外传授给外国人；更甚者成立了协会却虚有其表，坑蒙拐骗，严重抹黑中国武术的形象。

2.2 武术门派众多

中国武术的门类繁多，可以按地域、传承与起源、技术（套路）特点等方式进行分类和命名。早期多把武术分为南、北两派，或者分为内、外两家，内家以太极、形意、八卦三门为代表的，外加统称少林，分南北两大派。武术流派或者称武术门派，汉语语境主要按照传承起源进行分类的总称，简称"门派""流派"。中华武术的五大流派分别是：崆峒、武当、少林、峨眉、昆仑。而每一派别里又有各个分支。如少林派：少林拳在一千多年的发展中，逐渐分为北派少林拳和南派少林拳，少林支派众多，有"三大家""四大门"之说。其中"三大家"有红家少林、孔家少林、俞家少林，而"四大门"又包括大圣门、罗汉们、二郎门、韦驮门；南少林还有南拳五大家之说：洪家拳、刘家拳、蔡家拳头、李家拳、莫家拳。这就需要极大的管理量，也使得外国人眼花缭乱、无从下手，传统武术尚且如此，何况是竞技武术呢？2008 年北京奥运会之前就有不少提议将武术列入奥运会项目之中，但庞大繁多如武术，怎么能区区"武术"这么一个项目进入奥林匹克的赛场呢？门派众多、分支繁复的武术代表着竞技武术的评分标准各不相同，每个门派有各自的标准，如果仅以"武术"作为项目，那么比赛的标准又该如何制定呢？

2.3 武术术语翻译策略的争议

武术翻译至今都在争论阶段：部分学者认为应该采用直译的方法，逐字逐句来翻译武术术语；而另一批学者认为应该采用音译的方法，这样才能掌握话语权，实现中华武术真正的传播。产生这种争论的原因无非以下几点：一、武术翻译起源早受历史影响较大。武术的术语翻译最早可以追述到清末，且当时的翻译主要是靠欧洲来华的传教士翻译[5]，这批传教士既不精通中文又不擅长武术又怎么能将武术的博大精深体现在翻译上呢？二、武术本身的深厚底蕴。武术的内涵并非是只字片语就能解释清楚的，三、中英文语言差异。从跨文化传播这一角度来看，中国作为高语境国家，文字表达是含蓄却富含深意得，而英文使用国家大多为低语境国家，文字表达方面是直接明了的。由此差异出发，术语翻译就会出现意义上的较大偏差，如"白鹤亮翅"翻译为 White Goose Spreads Its Wings，但外国人却不能理解这个意思，他们可能会直接理解为"白色的鹅打开了翅膀"，因为他们不懂"白鹤"在中国传统文化中的意义。

2.4 国际格斗类运动对武术的冲击

柔道、空手道、跆拳道、巴西柔术等同类的运动项目在国际上的传播可以说是近乎风靡，特别是韩

国跆拳道和日本空手道[6]，跆拳道在上个世纪 60 年代开始进行世界范围的推广，取得了巨大的成功，他们的传播优先选择经济发达地区并深入学校，开设道馆，制定一套标准的评级、评段体系[7]，而此时中国由于历史原因错过了这一最佳时机。可以说跆拳道文化和空手道文化席卷了世界，包括中国国内武术的传播都被这两项运动所威胁着。而且类似于空手道、跆拳道这一类的运动入门简单、动作基础，与中国的传统武术相比是大多数青少年的首选，选择这类基础的运动相对于武术来讲更容易体会到成就感。

2.5 国际性人才的缺失

国际性人才是中华武术对外传播最有效、最具代表性的媒介。然而中国目前武术国际性人才比较稀缺，主要由以下两种现象：精通武术的不会英文；精通英文的不会武术。前者通晓武术的深厚内涵却不知该如何表达，只能传授基本的技术技巧，而不能教授传播中国的传统文化底蕴；后者英语功底不差，能够表达出武术动作背后的含义，却不能正确的教授武术动作技能，甚至一些根本不懂武术，只是道听途书继而转述给求学者[8]。中国武术的对外传播需要复合型人才，需通晓武术、精通外语、懂得文化营销以及中外文化差异。一种文化的对外传播绝不仅仅依靠人的嘴，而是要借助于大众媒介才能高效。

2.6 缺乏科学性和理论性研究

武术中的"阴阳""经络""八卦""五行"等学说都具有浓厚的神秘色彩，缺乏到位的科学理论证明，对于海外学者来说这令他们不解。可以从各方面看出，海外尤其是西方喜欢把社会的各个现象科学化。这又说明了我们中华武术对外传播阻力重重。[9]

3 启示

3.1 完善武术管理机制，加强武术国际传播组织管理

要建立符合中国特色社会主义道路的武术管理机制，健全武术发展的各项法律法规，让武术走上一条健康、有活力的发展道路。以海外孔子学院为推介平台，在具备条件的地区推动孔子学院开设中国武术选修课程，逐步扩大覆盖面，在体育总局的帮助下，提高选修课的质量和专业水平。联合教育部等部门，选取符合条件的志愿者开展武术培养，逐步建立派往海外的中国武术推广志愿者团队。[10]

3.2 加大武术产业化力度

加大武术产品和服务出口的支持力度，努力提高参与国际武术产业分工合作层次。要鼓励具有代表性的、优秀的且拥有自主知识产权的相关企业和产品进入国际市场，不论是影视作品还是表演团队，不论是培训机构还是训练武馆都是需要国家大力扶持的对象，但前提条件是这些产品和企业都是代表了纯正的中华民族文化和中华民族精神。对外要积极参与国际展会，展现中华武术的文化内涵；国内要大力发展国际武术展览会，吸引更多的国际友人。

3.3 加强国际复合型人才培养

各大高校需要与企业合作，切忌埋头苦干不懂交流合作。培养武术执教人员时不能只注重武术本身，一定要让学员跨学科学习，在训练的同时提高自身英文水准。要建立健全武术国际传播人员的专业考评体系，不能单纯让拥有外语能力而布局被武术才能的语言型人才进行海外教学，这样就会成为-光说不练假把式。除此之外，国际运营、武术产品策划、武术服务等人才也需要加大力度培养。

3.4 学习国际同类运动项目的经验

空手道、跆拳道、柔道等运动项目都是国际传播相当成功的亚洲项目，由于历史原因中华武术的海外传播相对滞后。需要学习他国的经验结合时代特征，建立自有的一套传播体系。如以下手段和方法就

值得学习：一、注重在校园的传播，这里的校园不只是孔子学院，而是大范围的从小学乃至大学；二、注重在经济发达区优先传播。经济发达区人口覆盖大，信息高速传播，包容性大，相应的接受新鲜事物的能力就要更大。同时经济发达地区有厚实的经济实力促进武术产业化的发展；三、推出各种形式的国际性比赛[11]。

参考文献

[1]　赵斌,代凌江.峨眉武术文化的特征与发展路径[J].上海体育学院学报,2015,39(04):41-45.

[2]　张建,李源,梁勤超."一带一路"背景下中国武术跨文化传播论析[J].体育文化导刊,2019(12):1-6.

[3]　张正荣,胡立清.武当武术文化对外交流的现状及发展对策研究[J].湖北经济学院学报(人文社会科学版),2017,14(07):114-116.

[4]　陈新萌,赵光圣,郭发明,王培含,王琨.竞技武术套路国际化发展历程、问题及对策[J].首都体育学院学报,2018,30(02):166-169+192.

[5]　张莺凡.武术英译的历史回顾与研究[J].成都体育学院学报,2014,40(07):17-20+26.

[6]　李国占.竞技武术与日本空手道入奥成因的对比研究[D].北京体育大学,2019.

[7]　郭玉成.跆拳道、空手道、柔道传播对武术传播的启示[J].上海体育学院学报,2004(02):44-48.

[8]　张长念,王岗.中国武术发展文化转型的时代动因[J].首都体育学院学报,2014,26(01):11-15.

[9]　徐春毅.中国武术跨文化交流之研究[D].上海体育学院,2011.

[10]　朱东,马克蒂姆,姜熙.中西方不同视角下武术国际化发展的现状和未来[J].体育科学,2010,30(06):20-29.

[11]　郭玉成.跆拳道、空手道、柔道传播对武术传播的启示[J].上海体育学院学报,2004(02):44-48.

The Status Quo, Causes and Enlightenment of Chinese Wushu's External Communication

Abstract

China's national strength is becoming stronger and stronger, but the output of cultural soft power is far below the speed of economic development. To achieve the great rejuvenation of the Chinese nation, it must be a combination of soft and hard, and complementary. As a component of Chinese traditional culture, Wushu is not only a treasure of Chinese traditional culture, but also a business card of Chinese culture to the outside world. As one of the carriers of Chinese national spirit, it is a powerful link to publicize Chinese traditional culture. The inevitable choice to realize the Chinese dream. This article uses the literature method and logical analysis method as the basic methodsto analyze the problems and causes of Wushu's external communication, and uses analogy to sort out the enlightenment of Wushu's external communication from the development experience of karate, judo and other items.

Key words: Wushu; External Communication; Problems and Enlightenments

译介学视角下中国武术文化内涵的翻译研究——以《国际太极拳竞赛规则（2014）》为例

雷顺，李航

成都体育学院外国语学院，四川，成都 610041

摘要： 武术作为中国文化的重要组成部分，其运动形式中蕴含着丰富的文化内涵。本文运用案例分析法、文献资料法，以译介学理论为基础，对中国武术的重要代表太极拳术语中的文化负载词英译进行分析，对太极拳术语中的文化现象进行研究，期望对武术翻译研究提供新的视角，完善太极拳术语翻译研究，促进跨文化交流。

关键词： 译介学 武术 翻译

1 译介学简介

　　"译介学"作为中国比较文学研究中的一个术语，于 1984 年首次出现在比较文学教材中。[1]谢天振教授在比较文学的基础上提出原创性理论，将其论文整理成为《比较文学与翻译研究》，由此构建了译介学的基本框架。

　　译介学和一般意义上的翻译研究有所区别，译介学是区别于语言研究的一种文学研究或者文化研究。语言之所以能够产生形象生动的表达，就在于人们在长期使用过程中形成的历史文化积淀和语言使用者的经验，谈语言离不开文化。由于原语和目标语所处的文化背景有所差异,翻译就不仅仅是语言层面的符号转换、操作性技巧，而是倾注了译者对另一个民族或国家文化的理解和阐释，以及由此产生的"创造性叛逆（creative treason）"，在翻译过程中通过何种方式重新构建语言文字背后的文化意义，是广大翻译工作者常常面临的难题。传统的语言研究往往局限于词汇、句法等语言层面，如果是误译或者错译，则作为反面教材大肆批评。而译介学的观点认为"即使翻译存在各种各样的不足，但是今后它无疑仍然是传播一切有价值的文学作品的重要手段。"[2]因此译介学从文化角度入手对翻译研究进行审视。"它关注的是两种不同文化背景的语言在转换过程中文化信息的失落、变形、扩伸、增生等"[3]虽然译介学的研究对提高翻译水平没有直接明显的帮助作用，但是能加深我们队翻译、文学翻译和翻译文学的认识。译介学研究的兴起，是中国翻译研究从传统的技巧策略研究向以文化为主导的跨文化研究的重要转向标志。

　　因译介学在国内的研究不过短短二三十年，关于理论研究比较多，实践研究比较少，而实践研究又多半分析诗歌、小说等。实际上武术作为中国的"国术"，本身就含有丰富的文化内涵和鲜明的文化色彩，武术翻译不像其他运动项目的术语比较成熟固定，武术翻译的研究当前还有待完善。由于其深厚的文学、艺术、宗教、军事、美学等价值，武术实际上是文化传播的重要媒介，因此在译介学视角下，以文化研究为切入点，研究武术术语的翻译具有一定的意义。

2 武术及其传播

武术是中国古代劳动人民在长期的社会实践中经过积累总结发展形成的一系列灵活多变、内涵丰富的技击技术，同时兼具宗教、哲学、伦理学、艺术学等文化内涵，是中华民族优秀的文化遗产。"2014年《中国国际传播发展报告》指出，国际民众认为最能代表中国文化的首推武术"[4]。武术在一定程度上区别于的体育运动，更是高于普通的体育运动，它凝聚了中华民族的优秀传统文化思想如武德、忠义、礼仪等。

国内武术界对武术国际化进行了一系列理论和实践探索。近年来，武学研究者希望以孔子学院为依托，就"武术进入孔子学院的可行性"进行了研究和实践，并取得了相应的阶段性进展。2016 年，传统武术被孔子学院首次纳入教学课程[5]。对外传播武术、不论是通过何种形式，语言文字发挥着巨大的作用，这就涉及到翻译问题。武术由于其丰富的文化内涵，在翻译的过程中具有极大的挑战性。翻译的归化和异化之间难以取得良好的平衡，如果一味地以读者为导向，那么在外国人看来，也许武术就是一种普通的格斗术，与空手道、截拳道似乎没什么区别，这就失去了传播中国武术的初衷；如果以源语言为导向，武术本身丰富的内涵很难为外国人所理解，这就给教学交流带来极大的困扰。既然争论了这么多年，各派都有各派的理由观点，谁也不能说服谁，那么此文就不从这两个方面来讨论，而是把译作看成一个既成事实加以接受，不在乎翻译质量的高低优劣，然后再此基础上研究它的交流、影响、接受、传播等。这也是译介学与传统翻译研究的区别之一。

武术是一个宏大的话题，根据不同的分类标准有多种类型。由于篇幅有限，笔者选取武术中最具有代表性的太极拳作为研究对象。而关于太极拳的翻译版本繁多，不同译本呈现"一家之言""各自为政"的势态。研究武术的，翻译水平可能不高，同样的，专门研究翻译的，对武术的技术动作、文化内涵等又缺乏深入的了解，这也是武术翻译传播过程中的一个困境。因此，笔者选取较权威的国际武术联合会（International WuShu Federation）《国际太极拳竞赛规则（2014）》中关于"竞赛套路"章节进行分析，对其增添、失落、变形，以及"创造性叛逆"进行研究，从而揭示不同文化之间的差异。

3 太极拳术语翻译研究

3.1 "太极拳"一词的翻译

太极拳是"基于太极学说演化而成的打斗技能，其形式遵从太极图所含原理，包括阴阳、死生、刚柔、动静等理念"[6]。大多数中国人，见到"太极"这两个字，都能和古代的阴阳八卦五行等古典哲学、周易观念联系起来，即使理解不深，但也能隐约感觉到其奥妙。中文的"太极"一词隐含了丰富的文化意象，不同的人，对这个词语进行解析，会得出不同的结果。也就是说，这个词语本身就负载了各种文化意象，在翻译成英语的过程中，为了保留这个词的意象，音译似乎是最理想的表达。关于"太极拳"这个术语，据杨凤军考证，目前共有 22 种不同的翻译书写形式。[7]其中 21 种为音译，包括现代汉语拼音以及威氏注音，还有一种为意译，翻译为 Shadow Boxing，显然，Shadow Boxing 和太极拳是两个不同的概念。Shadow Boxing 在英语文化中多指"假想敌练习""空击"等。按照译介学的观点，对于这种"有意识的误译"，我们可以从中窥见译者对两种文化的理解，以及文字的处理。我们不能因为译者没有完整传播信息就全盘否定其工作。Shadow boxing 虽然不太精确，但是如果一个外国人，从未了解过中国的"太极拳"，这种情况下，用一个近似的概念 shadow boxing 也许更能快速让人理解。由于历史原因，外国人多用威氏发音的 Tai Chi Chuan 表示"太极拳"，而国际武术联合会（ISF）将"太极拳"音译为"Taijiquan"，一方面这是最符合现代汉语拼音的表达，另一方面可以显示出太极拳特有的地位，与其他国家的格斗类

运动区别开来。此外，《国际太极拳竞赛规则（2014）》中关于武术套路部分的翻译，采用的都是汉语拼音注音，加上相应的意译，下文会详细介绍。

3.2 涉及动物元素的套路术语翻译

古人在对太极拳招式进行命名时，采用仿生的命名方法，使用了大量具有鲜明特点的动物形象，以增强生动性，使人印象深刻，从而达到形神合一。例如"白鹤亮翅"，太极拳六大流派中皆有此招，虽然具体细微动作有所差别，但形容的都是两手张开的形象，动作极其优雅。《国际太极拳竞赛规则（2014）》将"白鹤亮翅"翻译为 Bái Hè Liàng Chì (White Crane Spreads its Wings)。在中国文化中，"鹤"一直被视为吉祥的动物，如成语"童颜鹤发""松鹤延年"等都表达了美好的祝愿，从"白鹤亮翅"字面意思看，也蕴含有"延年益寿"的美好寓意，同时，用"亮翅"而不用"展翅"，显得更加生动有力，风度翩然的样子。与此结构的术语还有"大鹏展翅"。"鹏"在中国的文献记载中，最早见于庄子《逍遥游》，《逍遥游》描述说"鹏之背，不知其几千里远""其翼若垂天之云"，可见"鹏"是一种磅礴大气恣意潇洒的巨型神鸟。中国人在祝福的时候常说"鹏程万里""鲲鹏之志"等，都显示出一种壮阔的意境。《国际太极拳竞赛规则（2014）》中将"大鹏展翅"翻译为 Dà Péng Zhǎn Chì(Great Bird Spreads it's Wings)就把"鹏"这一文学意象弱化了，变成了一个归纳概括性的普通词语。类似于中国"鹏"的神鸟在其他国家的文学作品中也有，犹太神话中的 Ziz[8]的外形像狮鹫，翅膀张开可以遮住太阳，古埃及的 Bennu 是可以重生的神鸟，阿拉伯的 Roc 是一种食肉巨鸟[9]，古希腊的 Kerkes 是职责类似于死神的一种巨鸟……。笔者认为《国际太极拳竞赛规则（2014）》中的翻译较为妥帖，既然多国文化都有关于大型神鸟的记载，翻译成 Great Bird 也便于理解，虽然文化意象有所缺省，但也不影响基本交流。

再如"揽雀尾"，《国际太极拳竞赛规则（2014）》翻译为 lǎn què wěi (Grasp the Peacock's Tail)，英文中的形象和汉语中的形象可谓是迥然相异。杨澄甫《太极拳体用全书》曰："揽雀尾为太极拳体用兼全之总手,即推手所谓黏连贴随,往复不离不断,遂以雀尾比喻手臂，故总名之曰：揽雀尾。"[10]"揽雀尾"就像抓住"雀"的尾巴，破坏对方重心，使其失去平衡，这也对应了这一招式的"绷、捋、挤、按"四法。关于"雀"的意象，在太极拳套路中指的是雀形鸟类如燕子、麻雀等，这类动物的特点是活泼、聪明机警、移动迅速，这在《杨露禅先生轶事》中有相应的印证。[11]当然，也有人将这里的"雀"想象成"孔雀"的。汉语中一个"雀"，不同的人眼里的形象会有差别，这也正是其魅力。而这一意象翻译成英语 Peacock 后，译者已经替读者解释了这个"雀"，于是这种东方的模糊神秘感反而消失了。

此类含有动物名称的套路术语还有"青龙出水""金鸡独立""雀地龙""乌龙绞水"等，经过翻译之后的目的语，或多或少的都会损失一部分信息。但翻译只能无限接近于原文，不能完全等于原文。由于地理历史社会宗教等差别，再加上是汉语和英语分别属于不同的语系，这之间产生的差距就更大了，在翻译中很难做到完全对等。译文并不是越解释清楚越好，如果过度照顾读者的感受，一切都按照"读者反应"来选择翻译策略技巧，甚至加上注释来辅助理解，这在一定程度上偏离了原文的意图。由于太极拳术语具有民族性和专业性，必然导致其他国家的读者对译文理解困难。然而，就英语读者而言，其"不可接受性"也正是其"可接受性"的一种表现。简单来说，即使是中国人，只要不是专业练习武术的，很多术语也不明白，比如"退步跨虎"，对于没练过太极拳的中国人，也需要经过查询专业资料或者咨询才能知道何为"退步跨虎"。对于英语读者而言道理是一样的，《国际太极拳竞赛规则》中的招式属于标准化的名称，突出简洁。英译只需传达"什么样的动作叫做退步跨虎"，而不是要传达"这种招式为什么叫退步跨虎"。至于想要详细了解，读者可以翻阅相关文献资料。

3.3 涉及自然现象的套路术语翻译

中国古人在抒发感情的时候，常常和自然现象联系在一起，久而久之，一些常见的自然现象就被赋予了相关的情感倾向。例如中国文学中"星"这一意象常常和"浩渺""美好""光明"等寓意联系在一起。太极拳术语也不例外，比如"上步七星""流星赶月""魁星势""摘星换斗"等，包含了一种朴素哲学思想。由于古代科学研究不发达，星辰运行往往被人性化，赋予了各种不同的寓意。古人夜观星象探天，并不是纯粹为了探寻宇宙科学真理，更多的是通过观察日月星辰的运行和排布规律，而推演出天下大事、国家兴衰、人的生死福祸。可以说"星"是中国传统文化中的一个重要意象，中国古诗词中关于"星"的也不数枚举。太极拳术语中多处运用到"星"，足以说明这一意向的重要性。太极拳术语中的"上步七星"中的"七星"代表攻防时所注重的对方七部位（头、肩、肘、手、跨、膝、足）。一般中国人看到"七星"这个词语，都会联想到一种美学感。"七星"是古代一个常见的意向，比如《三国演义》里有"七星宝刀""七星灯"，《红楼梦》里提到道士头戴"七星冠"，王安石也有"七星砚"诗，《射雕英雄传》里有"七星北斗阵"，可以说中国人对"星"的信仰几乎到了神格化的境界。《国际太极拳竞赛规则（2014）》中，将"上步七星"翻译为 shàng bù qī xīng (Step Forward to Seven Stars)。seven star 西方人能和具体的天文形象对应起来，但是和中国文化中的形象有所差别。中国的"七星"更多的是突破了具体的事物形象，上升到了哲学、文学等高度。这种翻译处理方法，"就好比一块花毡翻到背面，图样尽管还看得出，却遮着一层底线，正面的光彩都看不见了。"[12]人人都喜欢有美感的文字。如果一篇译文能够将原文的思想、感情、神韵都融入到译文,给人以美的享受,吸引着人们的目光,那么武术必然会吸引更多的外国人。

太极拳套路中有一招"魁星势"，这招式的命名很明显就有浓厚的文化色彩，人们常常把文采和"魁星"联系在一起，如"一举夺魁""科举魁首"等。而《国际太极拳竞赛规则（2014）》中，把"魁星势（独立反刺）"翻译成 kuí xīngshì (Big Dipper—Inverted Thrust with Single Knee Raised)，这里的魁星势直接处理成了 Big Dipper，这个译文，笔者认为是"有意识地误译"。在中国文化里，"魁星"并不是一颗星，《春秋运斗枢》所记："第一天枢，第二旋，第三玑，第四权……第一至第四为魁。"[13]，而 big dipper 的范围，明显大于了"魁星"的范围，可以说这两个词语的词义，无论从客观指示上，还是文化意象上，并不完全对等。此译义只传达出了"星"这一概念，而没有具象化，这也是权宜之举。

3.4 涉及人物神仙的套路术语翻译

太极拳融合佛教道教等宗教元素，所以在其套路术语中不乏相关的宗教特色词汇。如"韦陀献杵""金刚献指""罗汉降龙"等。笔者发现，《国际太极拳竞赛规则（2014）》中，对这类词语的翻译方式，有一定的不连贯性。"罗汉降龙"翻译为 Luó hàn Xiáng lóng (Arhat Subdues the Dragon)，"罗汉"小乘佛教中之最高果位，"罗汉（阿罗汉）"在佛教里面有"无生、杀贼、应功"三层意思，按照唐朝玄奘法师"五不翻"的原则，该词属于"多义故不翻"，因此以梵文音译保留了下来，长期以来这一翻译较为固定。由于术语的统一，长期以来没有太多的变化，因此该形象得到广泛传播和理解。而同样都是佛教术语，"韦陀献杵"被翻译成了 Wéi Tuó Xiàn Chǔ (Weituo pounds the Mortar)。这里的"韦陀"也是源于佛教用语，现在我们常见的英文书写形式是 Veda。这里译者把"韦陀"处理成"Weituó"应属于"无意识地误译"。如果只看英文译文，可能认为 Weituo 是中国历史或者传说中的什么著名人物，这一术语中的文化意象就大打折扣了。"钟馗仗剑"这一术语命名源于道教，因为道教是中国的本土宗教，这里人名用音译是可行的。"剑"这一词语，在大多数英汉词典上翻译成 sword，实际上，sword 只是泛

指，如果细分的话，还可以分为 claymore、sabre、gladius 等，也就是说 sword 具体到某个国家或地区，它的形象有所不同。如果要突出是中国的剑，常见的翻译方式是 Chinese Sword（如丹麦游戏 Hitman: Codename 47 中，有一样武器就是 Chinese Sword），这样也可以接受，但是不够简洁。近年随着中外交流日益频繁，以及中国的崛起，为了展现中国文化自信，我们开始逐渐使用 jian 这一翻译，如纪录片《你好，中国》其中有一集的标题就是 Chinese sword（Jian），由于这一概念暂还没得到其他国家的广泛认可，所以采用了意译加音译的方法。《国际太极拳竞赛规则（2014）》将"钟馗仗剑（撤步架剑）"翻译为 zhōng kuízhàng jiàn(Zhong Kui Embraces his Jian - Retreating Step while Raising the Sword)。这里前面的"钟馗仗剑"明显具有文学风格，译者为了保留中文的意象，把"剑"音译，而后面又是具体的技术动作，这时候对文学意象的关注有所弱化，因此翻译成类似的 sword，

4 武术翻译难点

4.1 文化差异原因

相比于理工学科类术语，"人文社会学科专业术语的翻译可以说是最复杂、最难统一的。"[14]中国古典文学、哲学、美学艺术学思想以一种明显的或是隐蔽的方式贯穿于武术发展的始终。武术不断汲取中国传统文化观念认识，在不断演变完善过程中逐渐融入中国人的审美观念中，是中国传统文化思想的一个缩影。中国和西方国家的文化存在着巨大的差异，汉语翻译成其他语言时，在物质、宗教和社会文化等方面实践过程中创造的词语，有时会出现与原语有偏差或相反的意义。这些原因，一方面导致了目的语读者对武术术语产生误解，另一方面，阻碍目的语读者对中华文化魅力的领略。"在跨越鸿沟的同时，也在挖掘鸿沟"。[15]往往一个武术术语含有多种思想，可以从哲学、兵家、技击等多方面进行阐释，或者由于汉语含蓄内敛的特点，汉语语法比较松散，表达意义无须严密的句法。一些术语本身就比较微妙以及奥妙，往往"只可意会，不可言传""自行体会"。武术术语比较庞杂，体系丰富，即使是练习多年的行家，也不一定完全掌握其文化内涵，遑论主研翻译的学者。

此外还有语言文字层面的原因，中文属于汉藏语系，英语属于拉丁语系，一个书写形式是字母形式，一个书写形式是方块字形式，这两者转换差异比较大，完全对等的词语数量有限。武术术语采用音译有时也会出现"一音多译"的现象，比如"红拳"和"洪拳"，如果采用音译的方法，容易都译成'hongquan'，实际上这两种拳是不一样的。

4.2 译者素质原因

主观原因就是关于译者的素质。一些译者对武术的内涵、动作技巧等缺乏深入的了解，在翻译时要么是误译，亦或是错译，遇到一些比较困难的术语，采用音译这条捷径，美其名曰"中国特色"，从而陷入"自我东方化"的怪圈。直接用拼音"音译"的最大好处是暂时封存了极易流失的译语文化意义，避免浅层转换和简单对等造成的误解。但音译只能是一个方便之法，不可想当然地作为通用之法，一概音译，就会让不熟悉汉语的读者不知所云。如"霸王推鼎"翻译成 Ba Wang Pushes the Caldron 就是一种欠佳的音译。把 Ba Wang 换成 Feudal Lord 会更有助于外国读者理解。[16]武术是一门实践性很强的学科，很多招式套路的具体形态，只有在实践中才能体会到其中深意，如果没经过相应的实践或是深入研究，难免会产生望文生义甚至死译硬译的现象。实际上这种两难境地不仅存在于武术领域，一些特殊领域的翻译也是如此，基于此现状，一些高校提出了专门用途英语（ESP）的议程。

另一方面，从事武术的很少涉及翻译。王美玲等在《武术跨文化传播研究综述》回顾了武术跨文化

传播的现状。其中提到了大量学者，而笔者查阅了该综述中提到的学者，大部分主要体育研究或社会研究的，没有专门从事翻译的经历。

5 建议

由于文化差异以及武术系统复杂而带来的问题，因其经历了上千年的历史沉淀，其文化内涵已经固定下来，在可预见的未来是不可解决的，这将是长期困扰翻译工作者的问题。任何翻译者都将面临两块绊脚石：不是贴近原作而牺牲本民族的风格和语言，就是太贴近本民族语言而丢失掉原作。[17]但由于翻译工作者自身原因造成的困难，就需要加强理论和实践学习，通过相应的手段或者方式加以客服解决。具体来说有以下几点：

一是加强对两种文化的学习。要真正做好翻译，"掌握两种文化甚至比掌握两种文字更为重要。"[18]语言是思维的载体，某一语言在特定领域大量出现是其文化特征的重要标志。传递文化的方式有多种，这和翻译的再创造一致。武术翻译常见的一个问题就是形式和内容不能得到很好的协调。如果重视形式，那么读者不清楚技术动作是什么；如果重视内容，那么中文的文化意象又有所缺失。所以译者应尽最大程度地呈现出原文的意象。相较于过去，现在受教育程度普遍提高，互联网普及率越来越高，读者完全有能力通过查询各种资料了解一些对他们来说比较生疏的词语。语言本身就是一个动态的系统，在不断交流中相互借鉴，丰富词汇。

二是加强学科融通与交流。由于以上提到的武术工作者和翻译工作者往往并不是集于一个人，因此就需要加强跨学科领域的人才交流与融通。武术专家和翻译工作者进行交流，先由武术专家展示动作技术要领，讲解文化内涵，译者充分了解后，再进行翻译创作。在多学科协同当中要更契合时代的需求，绝对不能够干什么学什么，学什么只能干什么。由单学科学习，到多领域学习，再一个学术杂家，最后还要术业有专攻。此外，加快建立武术标准术语，召开学术交流会议，对武术英语进行讨论、制定、改正、推广等。

6 结语

译介学从文学和文化进行关注，研究文化信息的转换与延伸。武术作为凝结了中国文化的"国术"，对于传播中国文化具有重要意义。武术文化术语应该灵活采取翻译方法，以帮助读者最大限度理解文化内涵为己任，平衡处理好直译与意译的关系。要关注读者的接受程度，武术翻译只有为读者所理解和认可，才能实现文化交流，否则其翻译无任何意义。此外，翻译工作者自身应该加强相关文化背景知识的学习，积极主动与武术专家交流合作，让相关武术术语表达得到一定规范固定，从而更好地推进中国武术的译介工作。

参考文献

[1] Xie Tianzhen, Medio-Translatology: A New Area of Comparative Literature [J]. Revue de littérature compare, 2011, 337(1): 42

[2] 迪马.比较文学研究引论[M]谢天振译. 上海：上海译文出版社，1986.

[3] 谢天振.译介学[M].上海：上海外语教育出版社，1999.

[4] 刘韬光,郭玉成. 中国武术术语对外译介研究[A]. 中国体育科学学会.第十一届全国体育科学大会论文摘要汇编[C].中国体育科学学会:中国体育科学学会, 2019.

[5] 沧州日报.传统武术首进孔子学院课程[EB/OL] （2016-11-23）[2020-06-12].
http://czrb.bohaitoday.com/index.php?nid=96331

[6] 金艳.1947 年版《太极拳》英文本考论[J].成都体育学院学报,2019,45(06):74-81.

[7] 杨凤军. 武术文化翻译研究[A]. 中国体育科学学会体育社会科学分会.2018 年全国体育社会科学年会论文集[C]. 2018.

[8] Y. Aharoni,The Land of the Bible[M] .London: Westminster John Knox Press ,1979.

[9] 李华驹.21 世纪大英汉词典[M] .北京：中国人民大学出版社，2005.

[10] 杨澄甫.太极拳体用全书[M] . 北京：人民体育出版社，1961.

[11] 张静丽,程馨.太极拳典型动作名称文化解义[J].搏击(武术科学),2014,11(01):39-42.

[12] 塞万提斯.堂吉诃德[M].杨绛译.北京：人民文学出版社，1983.

[13] 张黎明.汉代的北斗信仰考[J].北京科技大学学报（社会科学版）,2009,25(2):122-126.

[14] 邢杰.描写及其超越—《中国传统译论:译名研究》评介[J].中国翻译,2014,35(06):44-47.

[15] 布吕奈尔等.什么是比较文学[M]，葛雷译.北京：北京大学出版社，1989.

[16] 杨凤军. 武术文化翻译研究[A]. 中国体育科学学会体育社会科学分会.2018 年全国体育社会科学年会论文集[C]. 2018.

[17] 谢天振.译介学[M].上海：上海外语教育出版社，1999.

[18] 奈达.语言文化与翻译[M]严久生译，呼和浩特：内蒙古大学出版社,2001.

Study on the Translation of the Cultural Connotation of Wushu from the Perspective of Medio-Translatology: Based on *International Taijiquan Championships Rules and Regulations (2014)*

Abstract

As an important part of Chinese culture, Wushu has a rich cultural connotation in its routines. Using case study method, literature method and Medio translatology as the basis, this paper analyzes the English translation of cultural load words and the connotations in Taijiquan, an important representative of Chinese Wushu, expecting to provide a new perspective on Wushu translation, improve the quality of Taijiquan terms, and promote cross-cultural communication.

Key Words: Medio translatology; Wushu; Translation

译介学视角下国外格斗术语与中国武术术语翻译对比研究分析

杨鑫梅，张小林

成都体育学院外国语学院，四川 成都 610041

摘要：自全球化以来，格斗类项目在世界各地发展迅猛，而随着中国的"走出去"战略的实施，武术也进入了国际舞台，随着李小龙，叶问等带有中国武术特色的电影播出，越来越多的人开始对中国武术感兴趣，参与武术的学习。中国武术是经过数千年锤炼创造的一份丰富的文化遗产。武术与中国传统文化有着深远的血缘和形神相依的联系。本文尝试以译介学理论为基础，从文化、语言和交际三个方面，分析在格斗术语与武术术语的不同点，并探索翻译过程中可能出现的差异以及出现差异的原因，并在此基础上探究国外格斗术语与中国武术翻译的差异，以探索其可能产生的文化差异，以促进文化交流，弘扬中国武术，帮助中国武术"走出去"，让更多的人了解武术，了解武术文化，加强国际间武术领域的交流与合作，以促进中国武术更好的发展。

关键字：译介学；格斗；中国武术；术语翻译

1 选题依据

随着当代武术运动的蓬勃发展，人民的生活生活水平提高，不再只追求温饱，而更看重精神文化需求。代表坚强、勇敢、拼搏、不断进取精神的格斗进入了大众的视野，成为了时下最受欢迎的运动项目之一。这两种带有鲜明的东西方文化特点的运动，他们在翻译上的异同，也影响这人们对不同文化的理解。

1.1 格斗的定义

格斗即"打斗、战斗"，是一种双方搏击对抗的一种形式，以实用为目的。钱炳祥、刘晓斌主编的《格斗》对格斗作了这样的阐述：格斗是以踢、打、摔、拿、击、刺等技击动作为主要内容, 按攻防进退等规律进行的以克敌制胜为目的的实用性技能。强格斗类常见的项目包括：泰拳，跆拳道，空手道，散打等多种形式的运动[1]。然而目前对格斗概念的理解有两种不同认知：一种是以地方为主的运动形式论，一种是以军队为代表的实用技能论。然而世人多接受第一种理论，认为格斗就是一种实用性的技法，以击倒对手保护自己为原则。

1.2 中国武术

武，止戈为武；术，思通造化、随通而行为术。[2]官方对武术作了这样的定义："武术是以中华文化以理论基础，技击方式为主要内容，以套路和格斗，功法为主要运动形式的传统体育[3]，并且是注重内外兼修的中国传统体育项目。"武术具有悠久的历史和广泛的群众基础，是中华民族在长期的实践中逐步积累和丰富起来的一项宝贵的文化遗产。武术是中国人对武技的一种称呼，并且融入很多文化、养身、健身功法等众多形式。

1.3 格斗与武术的异同

格斗与武术虽然有某种渊源关系和相同之处,例如格斗中的一些项目运动比如散打，太极等也都术语

中国武术的范畴，然而他们呢在但总体上存在很大差别，从内容到形式都明显不同，因此简单地将两者等同起来是有失偏颇的。

翻译上讲，武术在国外通常被称作：Chinese Kongfu，Chiness Wushu,Chinese Martial Arts。而格斗则被译为 Fighting，wrestle，grapple。从这个层面上讲，武术属于中国，是中国特有的，因此从翻译上就带着浓重的地域色彩，而格斗是世界共有。其实从分类上就不难看出，格斗包括了来自泰国的泰拳，来自韩国的跆拳道，以及日本的空手道，还有中国的太极等多种形式，因此格斗更像是不同文化的融合而衍生的一种运动形式。

而从内涵上讲，武术的本质是生命科学，修身养性，强身健体的大道之学。可以加以发展为格斗目的的现代竞技，也可以维持其修身本质不走竞技路线。如同相扑，柔道，跆拳道等作为身心修炼或文化精神的道术一样来弘扬。现代格斗是以竞技实战为目标，强调的是输赢，而非武术的修身养性和文化内涵。以现代格斗的术来抹杀武术的道，君不见凡修身养性之人均以太极武术而不以格斗来养生。反之格斗之人也不会单以某武术门派来训练。所以格斗和武术看似相似，实则相差甚远，各自发展方向也不一样，不可同日而语。也不该单比较某项之长。格斗需要有武术基础最好，武术未必非要发展为格斗，并应保留自己的修身养性和文化内涵本质。即武术在其自身发展中始终受着中国传统文化的影响，以至于武术超越了其武技的本身，而格斗始终讲究的是技击本身的招式。格斗与武术的关系的如图（图一）所示：

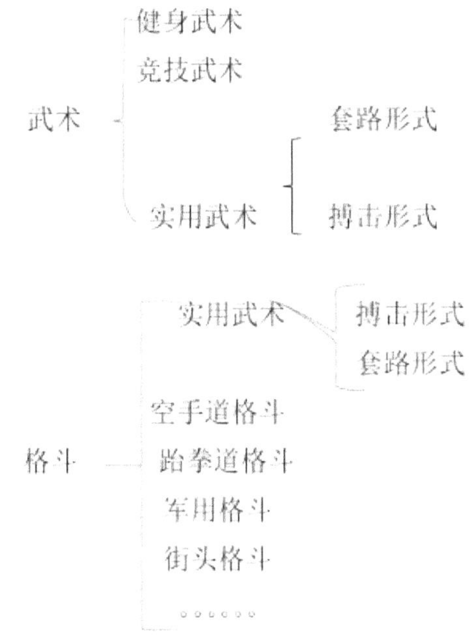

图 1 格斗与武术的关系

Graph1 The relationship between Fighting and Chinese Wushu

由图可知：武术与格斗都有相同的套路形式，以技击动作为素材，以攻守进退，动静疾徐，刚柔虚实等矛盾运动的变化规律编成的整套练习形式，即"套路运动"。中国武术各家各派有其表现自己门派特色的套路，这也是中国武术一种独特形式，区分与其他武技。在招式上，武术套路讲究精气神的韵味；格斗套路则追求连续性的动作，准确的出手路线，以及科学的方法。在技术特点上，武术套路注重防守、

关注修身养性；格斗套路则注重进攻、关注进攻的实效性。在训练方法上，武术套路强调突出难度动作训练，注重整体套路训练；格斗套路则强调组合动作训练，注重各个组合的训练。在发展方向上，武术套路向"高、难、新、美"的方向发展；格斗套路向更加简短、实用的方向发展。[4]

由此可知，武术不仅是一种技击，也不仅是一种运动形式，更是一种文化的传递，承载着中国的文化，而武术需要将这种文化传递出去，这也更加说明了在翻译中，武术翻译可能不仅仅要按照字面的意思直译也需要根据其特有的背景的采取意译而这造成这种差异的本身，则是因为文化，因为武术本身就是一种文化。

2 译介学

2.1 译介学的概念

译介学是一种文学和文化研究，译介学关心的不是在语言层面的原语和目的语如何转换的问题，而是在语言转换的过程中翻译带来的信息的失落、变形、增添、扩展等问题。[5]译介学并不是一般意义上的翻译研究，而是比较文学的中的一个重要组成部分，而在比较文学中，译介学存在的意义并不在于对译文好坏的批判，而是研究两种语言在相互转换中的文化碰撞，交融。法国文学社会学家埃斯卡皮（Robert Escarpit）提出了"创造性叛逆"。他认为，翻译使得作品获得了第二次生命，原因就在于翻译属于"二度创造"。[6]研究第一次创造与第二次创造之间的关系时，要看到两次创造所在的参数，语言、文化、时期等在多大程度上影响了创造的结果。目前，学者多借用译介学理论研究翻译（尤其是文学翻译）和翻译文学。[6]

2.2 译介学对于武术的翻译的适用性

从译介学的定义不难看出译介学是一种对翻译中文化的研究，所以译介学视角下武术翻译的研究就是对武术翻译中文化的研究。而从前面的分析研究表明，武术本身就是一种文化，其蕴含的中国独有的特色文化，因此在武术翻译中，即使不是以武术为基础的文学作品翻译，而是普通的武术术语翻译也同样实用译介学这个理论。

3 术语翻译的对比

3.1 格斗术语的翻译

格斗术语的翻译大多采用直译和意译的方式，即可让读者体会，而无须多做解释。

3.1.1 格斗术语的直译

例如：

arm locks 关节技

cardio kickboxing 有氧拳击

cardio and core 核心有氧运动

catch wrestling 锁擒式摔跤

chock holder 锁喉

disarming techniques 缴械技

elbows 肘击

evasive moves 闪避

诸如以上既保持原文内容，又保持原文形式的翻译文字的翻译方式，无须译者随意增加自己的思想，也无须译者加工，即简单的根据单词的字面意思即可表达原文所要表达的意思，即机械的逐字翻译，只需忠实原文即可，不可有任何的失真以及随意增加或删除。

3.1.2 格斗术语的音译

由于很多格斗术语太过生僻以至于难以查到确切中文翻译，许多也只能找到其英语的解释，为了使中国读者能更好的认识，在翻译这类词中大多采用音译+注释的方法。

例如：

Aikodo 合气道

Brazilian Jiu Jitsu 巴西柔术

Edo jujutsu 江户柔术

等诸如以上的格斗术语大多音译而来，例如合气道就来源是日本的发音，ai 合，ki 气，do 道。这类术语不再有其自身的原本的意思，而只是用发音相近的汉字对其进行翻译，只保留语音。这类翻译也无须多做解释，就能很好的理解。

3.2 中国武术术语翻译的特点

3.2.1 带有家族特征

在中国家庭作为社会的基本单位，特别是对于根深蒂固的大家庭形态，而武术大多以家族传承为主要方式因此在翻译中具有明显的家族特征。

例如：

字门拳 Zi-school boxing

李家拳 Li-family boxing

家族传承的武术包括 家，门，派，而在翻译中也得到了体现，比如"school"，"family"等词汇的出现。即使他们的名字翻译有所不同，但是表达的意思大致相同即都代表了一种拳法，只是拳法存在细微的差别，但却表达了完整的家族信息，因此在这类翻译中采用音译+解释的方法，可能更容易让读者了解其意思。

3.2.2 鲜明的民族特色

中国由 56 个民族组成，其中少数民族 55 个，在中国的人口中占了很大一部分比例，因此不同的少数民族依托独有的文化，形成了具有民族特色的武术种类。

例如：

Dong Quan 侗拳

Miao Quan 苗拳

对于这样的拳法一般采用会以民族来命名，即少数民族名称+ "拳"。由于这类拳法有其独有的特性，因此这类翻译多采用音译+直译的方式，以保留民族特色。

3.2.3 动物意象特征

戴国斌在《师承动物的武术》中提到人类通过仿生学的方式，学习了动物的动作、生活方式、演变成了现在的武术的象形拳系统、运动方式和养生手段。[7]中国很多拳法大多对动物的模仿而来，比如模拟动物的日常以及生活习性，或者是通过对动物的意象创造而来。

例如：

蛇拳 snake style boxing

螂拳 mantis boxing

麒麟步 Kirin step

对于这类意象化的拳法，也多采用直译的方法，也有采用异化的翻译方法，这样可能更能让读者体会原语特色，以此展开联想。

4 语句及语篇翻译的对比

语言的翻译会受到历史、政治、经济、文化等各方面影响，因此在翻译的过程中，要尽量贴合原文，尊重原文的观点，更重要的是译者的可见性，为了保证读者能够理解并欣赏不同的文化，这就导致在语篇翻译中或多或少的加入译者本身的态度、观点和看法。

4.1 格斗的语句翻译

在一些格斗翻译中大都不会对原文进行多深刻的加工，最多也是在词汇的运用上面，为了符合说话的习惯，以及使人清新明了，而用另一种词汇更好的表达。

例如 1：

原文：Professional boxing, which tends to overshadow amateur.

译文：职业拳击比赛的光环超过非职业拳击。

"overshadow"意思使失色；使蒙上阴影；遮荫。用在此处都不太合适，而对于原文的理解也不难，就是职业拳击的发展速度超过非职业，而能与"阴影"相对应的词汇可采用"光芒""光环"。这也符合中文语言使用的语言习惯。

4.2 武术的语句翻译

在翻译过程中，语言和文化维度的问题常常交融在一起，或因目标语没有与原语相对应的语言形式，或因与原语相关的语境在译入语文化中不存在，很难兼顾两者。[8] 中国有着上下五千年的文化，因此文化底蕴十分丰富。在接触汉语中，最难让人理解的是成语以及歇后语。对这类语句的翻译，不可直接采用直译或者意译等形式，而是要在两者基础上采取适当的解释。特别是英译汉过程中，可以考虑改变源语言的形象或结构，可能会取得格外的效果。

例如 2：

原文：Kongfu is widely known for its beautiful and flowing form.

译文：功夫以其行云流水的招式闻名。

其中"beautiful and flowing form"即"优美流畅的招式"，这样的翻译也不错，可是中国人善用成语也热爱成语，因此用"行云流水"来代替更能体现中文的美感，以及领略中文深厚的底蕴。

5 对比研究分析

5.1 术语对比

通过对格斗术语与中国武术术语的对比分析发现，国外格斗术语重点在于一招一式，即具体的动作、招式，即更加的简单、立体，也不需要特意去领会动作的要领，只需按照招式一笔一划的比试即可。而中国武术则更多的注重对其内在的理解，何谓内在的理解，即一招一式内在的微妙的变化，也就是武术上讲的精气神的韵味。更重要的一点就是，从其名字可以看出武术带有强烈的中国色彩，特别是在对其招式的解读上，可能不仅需要有丰富的文化知识，也需要有卓越的联想能力，更需要优秀的逻辑与表达能力，否则很难理解其中的奥秘。

5.2 语篇翻译对比

通过对格斗术语与中国武术术语的翻译，以及语句翻译研究可发现，格斗术语大多更加直接，即采用直译的方式即可让人明白，或者是对于外来的此语采用意译或者音译的方式，而对于中国武术来说不仅要采取直译与意译相结合的方式，必要的是时候还需要对其进行解释说明，或者从其来源进行解释或者对其翻译进行进一步的解释说明，否则很难让外国人理解这其中深刻的含义。再者汉语具有高度的概括性，武术术语大都寥寥数字，以名词或名词性词组表达为主，时常省略或简化语言[9]，在翻译中也理应做到简明扼要。否则过多的冗长的句子，不仅不符合汉语的使用习惯也会造成不必要的理解偏差，导致读者思维混乱。更也不利于中国武术的弘扬与发展，交流与传播。

6 结论

通过对国外格斗与中国武术翻译的对比研究发现，虽然说研究表明译介学更适用于文学翻译，但在在各学科相互交叉，相互渗透的当下，译介学不应该只存在于文学翻译中，一些带有文化特色的领域同样适用。因此在武术翻译中应该，译者应以译介学理论为指导，对武术中的文化意象翻译进行分析，探究其文化差异，以便在后续的武术翻译中，充分发挥主观能动性，使武术更好的走向国家化舞台。

参考文献

[1] 钱炳祥,刘晓斌.格斗[M].国防科技大学出版社，1999.

[2] 许慎．说文解字[M]．北京：中华书局，1963.

[3] 邱王相.对武术概念的辨析与再认识[J].上海体育学院学报，1997 (2).

[4] 吕韶钧.谈武术与原始格斗技能的分野[J].成都体育学院学报，2000 (6).

[5] 谢天振.译介学[M].上海外语教育出版社，1999.

[6] 谢天振.译介学(增订本) [M].南京:译林出版社，2013.

[7] 戴国斌.师承动物的武术[J].生命世界，2009(08):22-25.

[8] 金惠康.跨文化交际翻译续编[M].北京:中国对外翻译出版公司，2004.

[9] 万军林,汤昱.武术术语的特点及翻译[J].体育成人教育学刊，2004(06)：50-51.

A Comparative Study on the Translation of Foreign Fighting Terms and Chinese Wushu Terms from the Perspective of Translation Studies

Abstract

Since globalization, fighting events have developed rapidly all over the world. With the implementation of China's "going out" strategy, Wushu has entered the international stage. With the broadcasting of films with Chinese martial arts characteristics such as Bruce Lee and ye Wen, more and more people are interested in Chinese martial arts and participate in the study of martial arts. Chinese Wushu is a rich cultural heritage created through thousands of years of tempering. Martial arts and Chinese traditional culture have a far-reaching blood relationship and the relationship between form and spirit. Based on the theory of translatology, this paper attempts to analyze the differences between fighting terms and martial arts terms from three aspects of culture, language and communication, and to explore the possible differences in the process of translation and the reasons for the differences. On this basis, it explores the differences between foreign fighting terms and Chinese Wushu translation, so as to explore the possible cultural differences and promote cultural exchange In order to promote the development of Chinese Wushu, we should promote Chinese Wushu, help Chinese Wushu "go out", let more people understand Wushu, understand Wushu culture, and strengthen international exchanges and cooperation in the field of Wushu.

Key words： *Translation studies; Fighting; Chinese Wushu*

体育译介与跨文化传播
Translation and Cross-cultural Communication of Sports

第一辑 2022 年 6 月

马拉松赛事外宣翻译研究

杨凤军

成都体育学院，四川成都，610041

摘 要： 马拉松赛事将体育元素融入到旅游产品和服务中，不仅能满足体育爱好者对体育个性化、多样化的需求，还能推动城市品牌建设和城市旅游发展。因此马拉松赛事的外宣内容不仅涉及赛事信息与精彩展示，还包含城市品牌推广活动和旅游信息。本文以城市马拉松为例对马拉松外宣翻译内容及策略进行研究，指出译者需要在区分马拉松外宣内容的基础上，利用外宣文本中的图文关系，准确传译马拉松赛事和相关信息，从而实现"以赛推城，以赛促游"的目的。

关键词： 马拉松赛事；外宣翻译；以赛推城；以赛促游

1 引言

自 2015 年中国田径协会全面取消对马拉松赛事的审批,鼓励并动员社会各界力量共同推进中国马拉松发展以来，马拉松运动在中国呈现出快速发展的势头。据统计，经中国田径协会认证的马拉松赛事数量由 2015 年的 219 场增至 2019 年的 1828 场，累计参赛人次由 2015 年的 150 万增至 2019 年的 712.56 万[1]。2020 年由于疫情的影响，马拉松赛事受到较大冲击，但随着疫情得到有效控制，一些马拉松赛事也在逐步恢复中，马拉松运动持续向好的态势不会改变。由于马拉松运动具有广泛的大众参与基础，能够在短时间内产生明显的集聚效应和宣传效果，因此在构建城市品牌、推动旅游发展方面具有明显的作用。曾才生[2]指出健康、休闲和旅游是马拉松旅游的基本特征，马拉松运动的大众化、城市旅游的转向和马拉松爱好者异地参赛等因素推动了马拉松旅游热的兴起。崔晨[3]，贾磊，聂秀娟，袁伟[4]等也认为马拉松赛事对城市旅游品牌建设具有积极的影响。徐春蕾，邢尊明[5]提出国际马拉松赛事旅游效应与赛事旅游吸引力正相关，城市马拉松旅游吸引力包括赛事质量、活动介入、参与成本和赛事服务 4 个感知维度,在马拉松旅游从"工具理性"向"价值理性"转向的过程中，需要更加注重参与者的感知和体验。许春蕾,周家婷,王苏凯[6]结合波士顿马拉松旅游形象的建构历程指出国际马拉松旅游形象借助赛事符号化生产与文化表征方式，将赛事价值内化于城市形象，从而赋予城市旅游特殊的价值与意义。

以上研究说明了马拉松运动在构建城市品牌和发展旅游方面的作用和机理，但在许多城市提出构建国际体育名城，马拉松赛事国际化趋势日渐增强，特别是越来越多的马拉松赛事成为铜标、银标或金标赛事的趋势下，如何在马拉松赛事外宣中推介赛事本身以及旅游信息，从而实现以赛推城、以赛促游等问题尚未得到应有的关注。基于此，本文拟以城市马拉松为典型，对马拉松的外宣翻译内容和策略进行分析，以期为相关研究提供参考。

本文为 2018 年度四川省社科课题 "传播学视域下的体育旅游外宣翻译研究" （SC18WY006）和 2018 年四川外国语言文学研究中心课题 "体育旅游外宣文本翻译研究" （SCWY18-01）的部分成果。

2 马拉松外宣目的及内容构成

将体育元素融入到旅游产品和服务中，不仅能满足体育爱好者对体育个性化、多样化的要求，提高人们参加体育活动兴趣和积极性，还能拓展旅游内容，丰富游客的旅游体验，马拉松在中国的快速发展正是这种融合的重要体现。

依据举办场地的不同，马拉松赛事分为城市马拉松、越野马拉松、名胜马拉松、经典路线马拉松、海上马拉松等，其中城市马拉松受关注度最高，也最为普及。中国当前发展较快，发展较好的马拉松赛事也是城市马拉松，如北京马拉松、上海马拉松、厦门马拉松、兰州马拉松等。因此，本文选择城市马拉松作为外宣翻译的研究对象。

与大型综合体育赛事相比，城市马拉松运动受场地影响小、周期短、投入有限，且参与者众多，能在短时间内给城市带来大量游客，提升城市知名度，因此被很多城市引入，成为目前国内发展最快的单项体育赛事。对于参赛者而言，由于其进入门槛低，且形式多样，除标准马拉松外，还有半程马拉松、四分之一马拉松、欢乐马拉松、摇滚马拉松等，以及为残疾人设计的短距离马拉松，能满足参与者的多样化需求。

从本质上而言，"马拉松旅游属于事件型体育旅游，表现出以下两个鲜明的发展脉络：一是将马拉松赛事作为城市旅游的载体和核心，其出发点是使体育赛事成为城市旅游吸引物和促进旅游业发展的动力；二是以强调城市旅游要素对体育赛事的推动作用为着力点，将体育旅游作为城市事件营销，归位于如何更好地发展体育旅游"[7]。国外有很多城市如波士顿、东京、伦敦、柏林等，都因为举办马拉松赛事而闻名世界。随着中国新发展理念的贯彻和实施，许多城市面临转型升级的挑战。不少城市选择将体育赛事作为城市提档升级的突破口，提出建设国际体育名城或国际赛事名城的目标，如北京、上海、厦门、广州、南京、杭州、武汉、成都等。由于"每个城市都有自己的文化和独特的魅力，通过多种媒介形式集中展示马拉松赛事和主办城市的文化和魅力，往往会形成对城市意识的'叠加效应'，从而增加举办城市的影响力和知名度，城市品牌价值也由此得到了宣传和推广"[8]。

在外宣渠道和内容设置方面，马拉松赛事一般都建有专门的网站、公众号，以及面向国际受众的社交平台，如 Twitter、Youtube、Facebook 或 Instangram 等，用多种模态形式以中英双语或多语给出。虽然不同的城市马拉松外宣内容的设置和归类上存在一定差异，但就外宣功能而言，主要包括赛事信息、赛事资讯与精彩展示和配套活动及旅游信息等。表 1 是在以上分类的基础上对 2015-2019 期间由人民网和中国田径协会联合发布的连续 5 年排名在前 10 的 6 个马拉松赛事外宣内容构成的统计。

表 1 国内重要马拉松赛事外宣内容的构成

Table 1 Foreign publicity content of major marathon events in China

赛事名称	赛事信息	赛事资讯与精彩展示	配套活动及旅游信息
北京马拉松	竞赛规程、赛事信息、比赛路线、报名须知、报名办法、领物须知、保险信息、住宿及交通	赛事新闻、比赛公告、推广图片	美食节、嘉年华、亲子跑、线上赛等
厦门国际马拉松赛	竞赛规程、赛事时间、比赛路线、计时与关门时间、录取名次与奖励办	赛事新闻、赛事公告、媒体报道、厦马图片、厦马视频、厦	摄影大赛、亲子跑、厦门周、早餐跑、OK

	法、报名信息、比赛日服务	马志	RUN、"相约鹭岛"旅游信息
上海国际马拉松赛	赛事规程、参赛声明、领物须知、赛事路线图、	新闻新闻、赛事公告、赛事照片	旅游指南
兰州国际马拉松赛	竞赛规程、报名须知、报名办法	新闻媒体、赛事公告、兰马图片、兰马视频	马拉松季、"老马识途"旅游信息
广州马拉松赛 杭州马拉松	赛事规程、路线图、报名办法	赛事资讯、杭马历史、杭马照片、杭马影像	杭州旅游，浙江旅游，线上赛，杭马 X 飞猪

在 6 座城市中，兰州身处内陆，其马拉松赛事能跻身国内前列，表明其赛事具有很强的吸引力。因此本文选取兰州国际马拉松赛作为典型个案进行分析。兰州国际马拉松赛[9]创办于 2011 年。赛道围绕为马拉松赛事专门打造的景观大道"百里黄河风情线"举行，沿途风景优美，山水相伴，使参赛者在奔跑中领略到黄河两岸的自然景观。自 2011 年开始以来，兰州马拉松赛先后获得和蝉联中国马拉松"最佳赛事""金牌赛事"，国际路跑"铜标赛事""银标赛事"和"金标赛事"等诸多奖项，在国内外的影响力不断提升。

在宣传渠道方面，兰州马拉松通过采用"国际+网络+全民"的新型传播模式，极大地拓展了传播范围，截止 2019 年第 9 届（2020 年因为疫情取消，改在线上举行，2021 年因为疫情推迟），兰州马拉松已转播到 100 多个国家和地区，受众达到 9 亿多人，创造了具有广泛影响的兰马效应，构建了兰马独有的跑步语言。

兰马的宣传信息主要包括三类：一是赛事信息，二是精彩展示，三是旅游信息。赛事信息主要包括竞赛日期、比赛项目、比赛路线、报名指南、竞赛章程、成绩查询、照片提取、赛事公告等。精彩展示以图片和视频的形式推广赛事和展示竞赛中的亮点。而在旅游方面，设有"老马识途"板块，为参赛者和游客提供在兰州的吃、住、行、看、游等信息。

3 马拉松外宣翻译策略

马拉松外宣翻译，需要译者以赛事信息外宣为核心，兼顾赛事资讯、精彩展示、配套活动和旅游信息，采用适宜的策略或方法进行翻译，以期实现"以赛推城，以赛促游"的目的。

3.1 赛事信息的翻译

赛事信息是马拉松外宣的重点，一般包含竞赛项目、竞赛规模、竞赛组别、比赛路线、参赛要求、竞赛办法、领物指南、保险说明、报名缴费、奖励和处罚办法等。就文本类型而言，属于信息型文本，翻译时以直译为主，目的是清晰准确地传递信息。以兰州马拉松为例，竞赛项目和规模分为全程马拉松（42.195 公里）15000 人、半程马拉松（21.0975 公里）7000 人、健康跑（5 公里）8000 人和家庭跑（5 公里）2000 人，对应的英文翻译分别是 Marathon(42.195km): 1,5000 participants, Half Marathon (21.0975km):7,000 participants, Health Run (5km): 8,000 participants，Family Run (5km):2,000 participants。竞赛分为三个组别，包括马拉松个人男子、女子；半程马拉松个人男子、女子和健康跑、家庭跑男、女不限，对应的英文翻译则是 Marathon: Men's & Women's; Half Marathon: Men's & Women's; Health Run &Family Run: Mass in all。

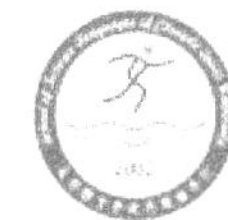

　　除常规信息外，竞赛组委会还会根据每年比赛的实际情况，临时增加一些规定和要求。如针对全球肆虐的新冠疫情，兰州马拉松组委会在 2021 年赛事信息中增加了防疫要求的内容。在翻译中，要特别注意关键术语的翻译，如中、高风险地区（epidemic areas of moderate/high risk）、新冠疫苗接种凭证（vaccination record）、核酸检测呈阴性的报告（电子版或纸质版）the test report of NAT(Nucleic Acid Testing，the report result must be in negative and can be in either electronic or paper format)、健康码（health code）、防疫用品（epidemic prevention supplies）、正确佩戴口罩（wear masks correctly）、禁止身体接触和保安全距离（avoiding any body touch with other runners and keeping safe distances）等，使信息及时准确地传递给受众，从而确保参赛者和赛事的安全。

3.2 赛事资讯与精彩展示信息的翻译

　　赛事资讯与精彩展示属于赛事的推广信息，一般包含赛事公告、赛事新闻和赛事推广视频和精彩记录等。赛事公告主要是针对赛事安排上的变化和要求及时发布的信息，如比赛时间、竞赛形式的调整等，以便参赛者了解最新动态，做好应对。赛事新闻是媒体对赛事的相关报道，主要报道和宣传赛事焦点信息。赛事推广视频和精彩记录是各马拉松赛展示自我、构建形象的重要手段，在外宣中起着越来越重要的作用。如今图像、动画、声音和视频等媒体形态在马拉松赛事宣传方面得到广泛应用，它们以更加直观的形式，突出内容要点，吸引受众的注意，激发他们的兴趣。在翻译多模态文本时，译者可以利用图像、视频等与文字的互补关系，依托图像合理处理文字。这里以兰州马拉松的"精彩展示"信息的翻译为例进行分析。兰州马拉松的"精彩展示"包含视频和图像两种模态，从不同角度和侧面展示兰州马拉松赛事的精彩内容。仅就图像而言，兰州马拉松的图像共有 18 组。按主题分为 "炫动的兰州""魅力兰州，我爱兰马""为兰马欢呼""奔跑的城市""精致兰州，逐梦兰图""黄河畔的马拉松""大展宏图""为梦奔跑""破纪录了""兰马九年""我为兰马自豪""赛道上的温情""赛道上的爱情""牵引""递桃""和妈妈一起跑兰马""保卫者"和"双心双金奖牌"。有的图像以马拉松奔跑为核心，有的以凸显城市律动和发展为核心，有的以迷人的跑道为焦点，还有的凸显运动中的亲情或友情，通过不同侧面展示兰州马拉松的包容性和感召力。在图像的翻译上，译者仅翻译图像的主题名称，而省略其他文字信息，做到了主次分明。如"精致兰州，逐梦兰图"被翻译成 'Delicate Lanzhou, Chasing the 'Blueprint'"（见图 1），"奔跑的城市"被翻译成"The Running City"（见图 2）。

图 1 精致兰州，逐梦兰图　　　　图 2 奔跑的城市

Figure 1 Delicate Lanzhou, Chasing the 'Blueprint'　Figure 2 The Running City

　　图 1 中 "兰图" 是双关语，既指这是关于兰州的图像，也指兰州追求的发展蓝图，译者将 "兰图"

的隐含意直接翻译成"Blueprint"，结合图像中不同肤色马拉松参赛者在兰州城市建设的背景下竞相奔跑的动作，展示出参赛者在兰州逐梦的姿态，也蕴含着兰州城市不断超越自我，争取更大辉煌的希冀。此外，"魅力兰州，我爱兰马"被译成"Charming Lanzhou, I Love Lanma"。"兰马"直接采用汉语拼音的方式，而没有使用"Lanzhou International Marathon"的表述，因为如果采用后者，则英文表述过长，不能与 Charming Lanzhou 形成对偶，从而缺乏节律感。基于兰州马拉松已经具有较高的国际知名度，"兰马"这一称呼已经被广泛接受和使用，因此这种缩略翻译是可以接受的。在表现亲情的图片中，如"赛道上的爱情"被翻译成"Love on the Track"，而"和妈妈一起跑兰马"则翻译成"Run in Lanma with Mom"。这些图像的翻译充分考虑到图像内容和文字的互动关系，简洁的文字是对图片信息的高度概括，从而形成以图像为核心的信息传递模式，把受众的注意力引向图片，使受众对兰州马拉松和兰州形成直观的认识，从而达到宣传马拉松赛事和塑造兰州城市品牌的双重目的。

3.3 配套活动与旅游信息的翻译

通过马拉松赛事，提升城市知名度、宣传城市旅游资源和推动城市可持续发展是城市马拉松的重要目标。为此，主办城市都非常重视马拉松赛道的设计，多选择含有文化和历史名胜，且风景秀丽的道路办赛，这样不仅可以愉悦参赛者的身心，也可以展示城市的文化、历史等。如厦门马拉松大部分的赛道是在沿海边的环岛路上，从金门岛隔海相望的厦门国际会议展览中心出发，沿途既有依山傍海、风景如画的环岛路，更有厦门二十名景中的八大景点缀其间，可尽览厦门的天风海韵，堪称世界上最美丽的赛道[10]。此外，主办城市还安排有配套活动和旅游信息。配套活动一般有美食节、亲子跑、线上赛、摄影赛等，为参赛者提供多样化的选择，体现马拉松比赛的包容性和体验性。旅游信息则为参赛者提供深入了解城市的信息，是体育与旅游融合的重要体现，如上海马拉松的"旅游指南"、厦门马拉松的"相约鹭岛"、广州马拉松的"印象广州"，杭州马拉松的"杭州旅游"等。这里我们仍以兰州马拉松为例进行分析。兰州马拉松官网上设有"老马识途"板块（Old Marathoners），对兰州的旅游资源进行推介。"老马识途"板块由"玩哪儿（Fun）""吃哪儿（Food）""住哪儿（Hotel）"和"跑哪儿（Run）"4 个部分组成。"玩哪儿"主要推介兰州市内和周边的重要景点，包括"五泉山""水车园""白塔山""中山桥""黄河"和"黄河母亲"。每个景点介绍由景点名称、位置、起源、历史等方面构成，如"中山桥"（见图 3）的原文和译文。

图 3 中山桥

Figure 3 Zhongshan Bridge

原文：

中山桥

兰州中山桥俗称"中山铁桥"、"黄河铁桥",建于公元一九〇七年(清光绪三十三年),是兰州历史最悠久的古桥,也是 5464 公里黄河上第一座真正意义上的桥梁,因而有"天下黄河第一桥"之称。

中山桥的前身是黄河浮桥。当时有这样一首民谣:黄河害、黄河险;凌洪不能渡,大水难行船;隔河如隔天,渡河如渡鬼门关!

可见当时要渡过黄河是多么的艰难。南北两岸的人要过黄河,夏秋凭小船和羊皮筏子横渡,冬天河面结冰,只能在冰上行走。1928 年为纪念孙中山先生而改称中山桥,沿用至今。

译文:

Zhongshan Bridge

Lanzhou Zhongshan Bridge is commonly known as "Zhongshan Iron Bridge" and "Yellow River Iron Bridge". It was built in 1907 (the 33rd year of Guangxu Emperor) and is the oldest ancient bridge in Lanzhou. It is also the first bridge on the Yellow River in 5464 kilometers. The bridge in the true sense is therefore known as the "first bridge of the Yellow River in the world".

The predecessor of Zhongshan Bridge is the Yellow River pontoon. At that time, there was such a folk song: Yellow River and the Yellow River; big wave cannot cross, the water was difficult to sail; the river was like the next day, crossing the river like a ghost gate!

It can be seen how difficult it is to cross the Yellow River. People on both sides of the north and south have to cross the Yellow River. Summer and autumn are crossed by boats and sheepskin rafters. In winter, the river is frozen and can only walk on ice. In 1928, it was renamed Zhongshan Bridge to commemorate Mr. Sun Yat-sen.

中山桥作为兰州的标志性景点,经常出现在兰州的宣传画册和视频中,国内很多受众对于这一景点并不陌生,知道其历史和象征意义。但对于很多没有来过兰州的外国受众而言,中山桥是一个陌生的景点。因此外宣内容中交代了其历史、沿革和命名的由来等。根据文本类型理论,旅游景点信息一般为感召型信息,译者在翻译时在确保信息传递的基础上,需要考虑如何激发受众的兴趣和行动。但此处的中文属于事实性陈述,因此译者也相应地采用直译的方法,如"中山桥""中山铁桥""黄河铁桥""黄河第一桥"和"黄河浮桥"分别翻译成"Zhongshan Bridge""Zhongshan Iron Bridge""Yellow River Iron Bridge""the first bridge on the Yellow River"和"the Yellow River pontoon"。

需要指出的是,由于多数外国受众对"中山桥"并不了解,因此译者在翻译原文时,不仅要正确理解原文,也要做到用语准确,才能确保信息传递的有效性。在本段文字翻译中,民谣的翻译不够准确。这首民谣讲的是早年黄河的交通状况。当时由于黄河上没有桥,人们需要乘船才能横渡。但船只在黄河上航行,如遇到暴风雨或凌洪等,船只就有侧翻或沉没的风险,因此民谣的最后一句说"隔河如隔天,渡河如渡鬼门关"。民谣传递的信息对于国外受众而言是陌生的,因此翻译的时候需要在准确理解原文的基础上,通过补充必要的信息才能使受众理解其中的内容。

在民谣英译中,第一个"Yellow River"前没有定冠词,第二个则加了定冠词,前后不一致,这属于比较低级的错误。对于"黄河害,黄河险"译者采用了减译的办法,只给出"Yellow River and the Yellow River",尽管传达出原文的无奈之情,但原文信息有损,所以不够准确,更具民谣郎朗上口的特点,可以翻译为 The Yellow River is perilous, and the Yellow River is dangerous。下一句中"大浪"和"凌洪"都不是主语,是指黄河出现洪水和凌洪的时候,是时间状语。"凌洪"可以翻译成"ice flood",故此第二句应

翻译成 in time of ice flood and big waves, boats are no use。最后一句"隔河如隔天，渡河如渡鬼门关"是夸张的说法，形容横渡黄河的危险。译者曲解了原文的意思，导致翻译中出现主语使用错误。根据这句话的实际意义，可以将其翻译成 people on both sides are set apart, and crossing the river is like going through hell's gate。

同样，在原文最后一段的翻译中，"夏秋凭小船和羊皮筏子横渡，冬天河面结冰，只能在冰上行走"的翻译也存在错误。"夏秋"和"河面"不是主语，而是时间状语。故这句应翻译成 in summer and autumn, people cross by boats or sheep skin rafters, while in winter, the river is frozen and people have to walk on ice。

兰州马拉松组委会在马拉松比赛配套服务方面考虑的非常周到，除了玩、住、行之外，还在"跑哪儿"部分以图文并茂的形式专门介绍兰州城区几处可供马拉松参赛者进行训练和休闲的场地，包括"兰州马拉松文化主题公园""雁滩公园环线""黄河水车公园""黄河风情线"和"兰州大学操场"。这些地点的文字介绍围绕马拉松训练给出，包括位置、可供训练的道路长度及沿途景观，如为兰州马拉松赛事专设的跑道"黄河风情线"的原文和译文。

原文：

黄河风情线　双向路线

兰州市的核心景区，东起城关区雁滩，西至西固区西，全长百余里的南北滨河路，是目前全国最长的市内滨河路。以中山桥为中轴，以黄河两岸风光为依托，依山就势，巧夺天工的滨河风景区，被称为"兰州外滩"。其中一段还增设了塑胶跑道，是当地人健身、跑步的好去处。

译文：

Yellow River Customs Line

Two-way Route

The core scenic spot of Lanzhou City is from the Yantan in Chengguan District in the east to the west of Xigu District in the west. The North and South Binhe Road with a total length of more than 100 miles is the longest city in the country. Taking the Zhongshan Bridge as the central axis and relying on the scenery on both sides of the Yellow River, it is known as the "Lanzhou's Bund". One of them is also added a plastic track, which is a good place for local people to exercise and run.

该段文字内容简短、信息清晰，译者采用直译的方法，按照原文的信息顺序进行翻译。然而在本段文字的翻译中，同样存在着翻译不准确的问题。如"雁滩"的英译前多了定冠词"the"，而"全国最长的市内滨河路"竟被翻译成"the longest city in the country"，"路"变成了"city"，让人觉得不可思议。虽然只是一个单词，但这种明显的错误会给外国受众留下不够严谨的印象，对构建城市旅游形象和城市品牌也会有负面影响，因此应该尽量避免。

4 结论

马拉松赛事在中国的快速发展是社会发展到一定程度后人们对健康、休闲和旅游融合驱动的产物。马拉松运动的兴起顺应了这一融合趋势，在丰富居民体育活动方式、促进人们身心健康、推广城市旅游和构建城市品牌方面发挥越来越突出的作用。本文在这一背景下探讨了马拉松运动与城市品牌建设、旅游发展融合的现状、动机、本质及外宣内容设置，并以兰州国际马拉松为典型个案，对城市马拉松外宣

翻译进行研究。研究表明马拉松赛事旅游属于事件型旅游，主办城市以马拉松赛事为核心，通过展示马拉松赛事的亮点、丰富的配套活动和城市旅游资源进行对外宣传，以期达到"以赛推城，以赛促游"的目的。

译者在翻译马拉松外宣文本时可以根据文本类型和媒介形态，采取灵活的翻译策略和方法，做到图文并茂，从而激发受众的动机和兴趣。此外，译者还需要正确理解原文内容，使译语做到恰当表述，才能确保信息的有效传递，进而实现上述目标。

参考文献

[1] http://www.athletics.org.cn/news/marathon/2020/0501/346438.html

[2]曾才生.马拉松旅游热潮兴起的原因与特征[J].智库时代, 2019(5):198+214.

[3]崔晨.城市马拉松对举办地体育旅游的影响——以兰州马拉松为例[J].兰州文理学院学报(自然科学版), 2019(2):101-106.

[4]贾磊,秀娟,袁伟.马拉松赛事发展与旅游城市品牌建设关系研究——以黄山市歙县马拉松为例[J].黄山学院学报, 2019(5):85-89.

[5]许春蕾,邢尊明.我国城市国际马拉松赛事旅游效应归因诠释与模型分析[J]北京体育大学学报, 2020(8):51-57.

[6]许春蕾,周家婷,王苏凯.波士顿国际马拉松旅游形象建构与意义表达及启示[J].体育文化导刊, 2020(10):105-110.

[7]许春蕾.中国城市马拉松赛事旅游效应测度与创新发展[J].上海体育学院学报, 2020, 44(9):25.

[8]李宏.马拉松运动对城市文化发展的积极影响[J].边疆经济与文化，2019（2）：91

[9] http://www.lzmarathon.com.

[10] http://www.xmim.org/homes/static/home.html.

Study on the Foreign Publicity Translation of Marathon Events

Abstract

Marathon events integrate sporting elements into tourism products and services, not only meeting the personalized and diversified needs of sports fans for sports, but also promoting city brand and urban tourism development. Therefore, the foreign publicity content of marathon events not only involves marathon event information and displays of exciting moments, but also includes activities of city brand construction and tourism information. This paper takes city marathon as an example to study the content and strategy of marathon publicity translation, pointing out that the translator needs to make use of the picture-text relationship in the publicity text to accurately translate marathon event information and related information on the basis of distinguishing the content of marathon publicity, so as to achieve the purpose of "promoting city brand and tourism development through marathon event".

Key words: marathon event; foreign publicity translation; promoting city brand through marathon event; promoting tourism development through marathon event

体育翻译对中国体育现代化的影响

张均涵，杨飞
成都体育学院，四川成都，610041

摘 要: 随着中国现代化的全面推进，中国体育实现现代化是必然趋势。本文运用文献研究法，在阐明体育现代化内涵的基础上，将中国体育现代化历史进程分为三个阶段：萌芽时期、探索时期、发展时期。在此基础上，结合体育史料分析体育翻译在此历史进程中的作用。

关键词: 体育翻译；体育现代化；历史进程

中国体育现代化建设作为中国现代化建设的重要组成部分，有着光辉的历史内涵。[1] 在此进程中，体育翻译的作用功不可没。不论是洋务运动、戊戌变法还是五四运动，译者通过翻译研究将西方近代体育思想引入中国，中国体育在此背景下不断学习、探索，摸索出了利于自身发展的现代化道路。在中国体育现代化建设的进程中，中国体育不仅保留部分优秀民族传统体育，同时与世界接轨，引入国外体育运动项目。不论是将国外的体育引入，还是让中国传统体育走向世界，都离不开体育翻译。

1 体育现代化内涵

体育现代化的概念，虽经过多年的讨论，尚未达成一致，学者们分别从体育的本质属性、功能属性、社会属性以及体育与社会不同要素的相关性的视角进行界定。[2] 卢元镇认为，体育现代化是体育发展所达到的体育水平和状态，也是体育发展的目标与趋势，更是为实现这个目标的奋斗进程。[3] 熊斗寅认为，体育现代化主要是指体育科学化，就是把最新的科技成果和理论知识在体育中广泛应用，从而使学校体育、竞技体育和群众体育都达到世界先进水平。[4] 安丽娜认为，体育现代化是指未来体育发展的目标且具有阶段性特征的动态发展过程，包括：体育资源、体育管理体制、体育思想的现代化。[5] 邱璇认为，体育现代化是指体育制度、物质和人在某一特定阶段的发展水平与状态，是一种为实现这一理想目标所进行的高度理性、自觉奋斗的过程，是一种能动地加速体育发展的现实历史进程[2]。笔者认为邱璇对体育现代化的定义作为本文的体育现代化概念比较合适：它具备三个主要特征：第一，体育现代化是在某一特定阶段的水平状态；第二，体育现代化是为实现理想目标的奋斗过程；第三，体育现代化是利于体育发展的进程。

2 中国体育现代化的历史进程

不同学者对中国体育现代化的历史进程有不同的划分。张磊将近代中国体育现代化分为三个阶段：第一阶段，1840-1894，体育现代化的萌芽时期；第二阶段，1895-1911，体育现代化的尝试探索时期；第三阶段，1912-1937，初步发展时期。[6] 张卫平将中国体育现代化历史进程划分为四个时期：（1）中国体育现代化的开展初期（1860-1911）；（2）中国体育现代化的摸索时期（辛亥革命时期）；（3）中国体育现代化的曲折时期（新中国成立初期）；（4）中国体育现代化的发展时期（1978-）；李斌将此进程分为四个阶段：第一，对自我的部分否定，"西学东渐"接受了代表世界体育发展潮流的西方体育，并进行了

"本土化"改良是体育现代化进程的萌芽；第二，中国体育在移植与学习西方近代体育的基础上，对中国体育的现代化之路进行了探索与实践；第三，建国后开始了中国特色现代化建设，使竞技体育、学校体育、大众体育同步发展以及与之相适应的体育体制、法规的建立和完善；第四，中国体育初步形成与建立了一种适应市场经济的体育管理模式和运行机制，但发展还很不平衡。[7] 本文将中国体育现代化历史进程划分为三个阶段：（1）体育现代化的萌芽时期；（2）中国体育现代化的探索时期；（3）中国体育现代化进程的发展时期。体育翻译在中国体育现代化进程的不同阶段对其产生的影响也有所差异。

2.1 体育现代化的萌芽时期(1860-1911)

不同的学者从不同的视角来判断中国现代化的开端。1840 年鸦片战争爆发，中国的国门被迫打开，西方的工业技术传入中国，中国逐渐开始走向现代化，这个观点被大多数学者认同。对于中国体育现代化来说，其历史记载较少，以洋务运动为开端这一观点得到了普遍认同。本文也倾向于视 1860 年洋务运动为中国体育现代化的开端。

在 1860 年-1911 年这一期间，在经历了洋务运动和辛亥革命后，中国发生了翻天覆地的变化，存在两千多年的封建社会被推翻。第二次鸦片战争后，清政府被迫进行一场自救的改良运动——洋务运动，旨在镇压人民的反抗，维护自身的封建统治。洋务派在 1861 年-1894 年实施了一系列涉及军事、教育、经济方面的政策，洋务运动促使落后的中国学习西方先进的技术，以达到"师夷长技以制夷"的目的。[8] 在探求救国救民道路，向西方学习的过程中，洋务派认为强国必先强军，于是，西方近代的体育强兵思想与"兵操"被大规模引入中国。后来的戊戌变法将"体操"引入学校体育，随着许多近代的西方体育思想、制度传入中国，中国开始对西方体育有一定的认识，这也为中国体育走向现代化奠定了基础。

2.2 体育现代化的探索时期（1912-1977）

随着辛亥革命推翻了封建社会，新文化运动和五四运动解放了人民的思想，接着新中国的成立真正的解放了人民，这一时期是中国体育现代化的探索时期。在这一时期学校体育的体操课逐渐转变为体育课，同时也逐渐接纳西方体育课的教学模式。五四运动不仅解放了人民的思想，也是人民的觉醒。民族传统体育与西方近代体育之间也发生了争辩。在始于 20 世纪 30 年代初、旷日持久的"土洋体育之争"中，接受西方体育的学习意识的人士仍是论战的主要一方，如"学术固无国界，体育何分洋土"。新中国成立，中国进入一个崭新的局面，中国体育事业也随之得到发展。由于政治因素，中国的群众体育呈现了异常发展的状态，但这种现象阻碍了中国体育现代化进程。20 世纪 50 年代初，中国基本确立了体育管理制度，这也为体育现代化奠定了基础。但随后的"大跃进"、自然灾害等让中国体育现代化进程停滞了一段时间。1965 年，全国运动会的召开给体育发展提供了动力，但"文化大革命"又给体育事业的发展带来了困难。这一时期可以说是中国体育现代化的探索时期。

2.3 体育现代化的发展时期（1978-）

1978 年十一届三中全会的召开，中国社会呈现了发展新局面，新体育经过三次重大变化，无疑是中国体育现代化发展的强大推动力，制定了奥林匹克战略，进行了新体育改革，抓住市场化体育改革机遇。2008 年奥运会的成功申办以及在中国的成功举办，是中国体育走向现代化的大拐点。中国在国际舞台上展示了竞技体育的发展水平，得到了全世界的瞩目。奥运会的成功举办同时推动了中国体育事业的发展，全民健身的理念也逐渐深入人心。如今，许多世界体育赛事在中国各大城市举办，这也促进着中国各项体育相关产业的发展，这些体育产业同时又反作用于中国体育现代化。中国体育正以稳步的姿态发展着。

3 体育翻译对体育现代化的影响

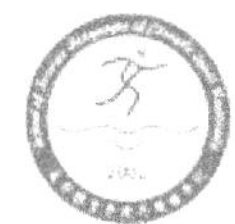

在第一次鸦片战争之后，中国的大门被迫打开。林则徐成为"睁眼看世界"的第一人，随后一批翻译家在国内不断涌现。由于历史的背景，中国人开始瞩目世界探求新知萌发了一股向西方学习的新思潮。为了学习近代西方先进的科学技术、政治经济以及文化，中国在近代开设了一系列的翻译学堂。1862 年，恭亲王爱新觉罗亦欣和文祥在北京设立同文馆，培养翻译人员。随后，上海、广州设立了类似机构，如海广方言馆。京师同文馆还把翻译西方著作作为一项重要活动，培养了一批翻译人才，懂外语的人才自觉地从事翻译工作。[9] 由于战争的需要，体育翻译最开始应用于洋务运动中的"兵操"练习中。清政府请来外国教练，并派遣留学生出国学习。那时的体育翻译的最初呈现方式是口译，用于外国教练和士兵之间的交流。体育翻译作为一种传递西方体育知识的媒介，也在一定程度上推动了中国体育现代化的进程。随着时代的发展，国外的一些体育运动包括体育制度也逐渐传入中国，这为中国体育走向现代化带奠定了基础，当然这个过程也离不开体育翻译。

3.1 传授新知

在清末民初，来自西方的传教士以及去到国外深造的中国留学生无疑给中国带来新的思想。在当时，由于列强的欺压，中国人民处于水深火热之中。而引入中国的体育知识和体育文化在当时的背景下得以弘扬。辛亥革命后的"军国民教育"成为新的教育方针之一，各类学校都十分重视体育，教会学校及基督教青年会的学校更希望以体育来拉拢青年。[9] 体育逐渐引起人民的重视，学校体育也得以发展。

近代体育译作包括体育教科书、专业体育译著、体育文化教育译作。出于军事目的，早在洋务运动时期，一些涉及体育内容的军事训练书籍就已经出版，例如《陆操新义》。早在 1890 年，庆丕、瞿汝舟译著了《幼学操身》一书，只是在当时人民对体育的认识十分受限，这本著作并没有受到广泛传播。1903 年，文明书局出版了坪井玄道和田中盛业著、丁锦译的《蒙学体操教科书》。而中国公认的最早的体育译作为《体育图说》，这本书于清光绪三十年（1904）出版，美国人罗克斯著，姚受瘅译，上海商务印书馆代印，总印数为 2000 册。全书共一册，内容分为上下卷，上卷主要介绍徒手操运动，下卷介绍哑铃健身练习[10]。王肇鋐所译的《普通体操学教科书》也于 1904 年出版。

查尔斯·哈罗德·麦克乐是中国近代体育史上著名的外籍体育专家。他先后于 1915-1919 年，和 1921-1924 年两次被北美基督教青年会组织派往中国。在华期间，麦克乐曾创办和主编了《体育季刊》杂志，并且编写了大量体育类书籍，例如《舞蹈》（上海青年会，1915 年），《网球》（商务印书馆，1917 年），《棍棒》（商务印书馆，1917 年），《篮球》（商务印书馆 1918 年），《柔软体操》（上海青年会，1919 年），《田径赛运动》（商务印书馆，1923 年），《运动技术标准》（中央大学，1925 年）等等。麦克乐编写了大量的专业体育译作，他是首先将美国体育理论与方法系统传入中国的体育学者。他于民国五至八年出版了六种介绍运动技术的书籍。1916 年麦克乐在基督教青年会全国协会书报部出版了《体操释义》，详细阐述了体操这项运动的分类包括柔软体操、器械体操、垫上运动、与翻筋斗、木棒运动。1912 年出版的《网球》，是中国近代第一本网球运动训练教材专著。而在 1918 年出版的《篮球》中，他详细介绍了篮球运动的一般理论，其中包括篮球队具有的性质、训练要点、队员位置、以及裁判、积分的方法。这一系列专业体育译著，促进了这些体育运动在中国的传播与发展。

近代中国的一些开明人士意识到体育的重要性，大力弘扬体育，不仅编译体育教科书和专业体育书籍，还积极参与编译外国体育文化的教育类作品。胡愈之是中国著名的作家、翻译家，他不仅编译出版了各类自然科学和文学类书籍，还参与编译了体育文化教育类作品。1916 年，上海《东方杂志》刊登了胡愈之的译文《论学校军事教育》。恽代英是无产阶级革命家，也是中国共产党早期青年运动领导人之一，

他编写了《学校体育研究》《体育之训育》等文章，还翻译了《最良之五分钟体操》《普通体育之改良》、《儿童游戏时间之教育》《运动训练之方法》等文章，他不仅宣传了中国体育文化，还介绍了西方的体育文化。

近代的这些体育译作以及编译的教材，不仅将西方的一些体育运动的起源、训练方法、规则等引入中国，还将西方的一些体育文化引进中国，这促进了中国近代体育的发展。中国开始对西方体育有一定的认识，这也为中国体育走向现代化奠定了基础。对于近代中国来说，一些新式体育运动例如篮球，最初是由传教士通过口授与演示教学传入中国的。在当时，人们打篮球没有场地标准，人数也没有限制，规则也十分单一。1916 年上海青年会出版了美国篮球规则译本，这为中国开展篮球运动奠定了基础，这项运动的发展也日渐走上正轨。近代中国体育之开展与兴盛，与"军民国政策"密不可分，然而当时的中国译者在翻译外国文章时结合了中国当时的背景以及社会的需求，着重翻译实用性较强的教科书和体育专著，体育文化类的译作也起到宣扬学校体育、介绍体育文化的作用，各类译作都具有较强的功能性，且较好的回避了外国文化侵略这一消极作用[10]。

3.2 思想启蒙

"中体西用"是学习西方的主导思想，即中学为体、西学为用。在"西学东渐"的过程中，翻译起到了重要作用。随着西方的体育思想传入中国，在戊戌变法时期，中国的"体操课"开始向"体育课"转变，教学模式也逐渐变化。早期，中国体育现代化始于被动接纳西方体育思想，中国在初期对西方体育几乎是全盘接受。但随着时间的推移，社会实践的检验，有人"冷眼看世界"，对中西方体育的优劣进行对比分析，开始用批判的眼光看待西方体育。在新旧思潮的激烈论战中，经过艰苦探索，中国体育思想达成了一种朦胧式共识，促进了中国体育整体向现代化方向发展。

在中国古代，体育活动未形成一个相对独立的理论和实践体系，几乎都从属于其他社会活动，各种体育活动之间缺乏内在的有机联系。严格的具有科学意义的"体育"是中国近代西学东渐的产物。在中国人民的传统观念里，是"重文轻武"的，认为"劳力"是地位低下的表现。而且，中国在封建社会的大背景下，女子的思想和身体仍旧被社会束缚，女性进行体育运动更是罕见。而西方的体育思想传入中国，唤醒中国人民的体育意识，体育逐渐得到重视。近代的一些体育译作不仅起到传授新知的作用，更是将外国的体育文化和思想引入中国，是文化的引进和交流。随着西方资本主义的兴起和中国封建社会的衰退，这使得中西在体育文化交流中，中国必然表现出向西方借鉴、学习的发展特征。大约在 20 世纪初出现体育专业留学生，清末以留日为主，民国时期以留美、德为主。他们背负"东亚病夫"的屈辱，以"教育救国、体育强国"为己任，背井离乡，努力学习国外先进的体育知识、体育文化、体育思想，回国后大力推动中国近代体育的发展，在中国体育现代化的进程中做出了不可磨灭的贡献。中国近代的体育专业留学生在中国近代的体育发展进程中的作用主要体现在传播学校体育思想，培养早期的体育师资，开展体育教育改革，从事体育管理等方面。[11]近代，体育留学生在不同时期引入了西方先进的体育思想，例如军国民体育思想、自然体育思想、民族体育思想等。在 20 世纪初至五四运动时期，军国民体育思想在中国盛行，这促进了中国近代体育的发展，但其仍有弊端，由于太过机械化，以致后来逐渐沉寂。20 世纪 30 年代至解放前，源自美国的自然体育思想对中国近代的学校体育发展影响深远，但仍具有一些不足，例如忽略学生体质、"选手体育"等。20 世纪 30 年代后期至抗战结束期间，民族体育思想在民族危机情况下提出的卫国体育思想，在当下符合民族利益，但也存在缺陷，过于夸大体育的作用，这种思想在抗战结束后销声匿迹。近代体育留学生不仅将外国的体育思想引入国内，还参与了国内的学术之争，

例如"土洋体育之争""体育军事化""体育教育化"等。这些体育思想的碰撞，不仅对国民的体育思想有启发作用，还引导了人们辩证看待外国传入的体育思想，引人反思。

3.3 让中国民族传统体育文化走向世界

随着中国的国际地位越来越显著，体育翻译不仅仅是将西方体育文化引入中国，同时使中国优秀的传统体育文化走向世界。武术是中国传统体育的代表之一，早期西方国家人们只能通过电影了解中国功夫却对武术形式、规则比较陌生。近年来，中国致力于提升国家软实力，让中国优秀的传统文化走出去。随着一大批优秀译员的翻译作品包括体育翻译，加快了中国体育走向世界的进程。2008 年奥运会，武术以"特设项目"进入全世界观众眼帘，这也是武术项目发展的一大飞跃。为了让中国优秀传统体育走向世界不仅仅需要优秀的体育翻译人员，也需要完善其规则、制度使其易于大众接受。全球化的到来，各国之间交流日益增多，而体育文化交流成了一种重要途径。如今盛行的篮球、网球、羽毛球等项目都并不起源于中国，而是由西方国家引入至中国且盛行于中国。在很长一段时间，中国民族传统体育受到了国人忽视，其原因之一是西方体育文化的冲击，另一方面是国人的文化不自信。而此时民族体育文化对外传播的使命就更加迫切。

党的十九大报告阐述了文化及文化建设的作用及其重要性，"文化是一个国家、一个民族的灵魂。"文化软实力是一个国家生命力和影响力的集中体现。"要提高国家文化软实力，就必须使当代中国价值观念走向世界。要加强提炼和阐释，拓展对外传播平台和载体，把当代中国价值观念贯穿于国际交流和传播方方面面。"[12] 体育文化是中国传统文化中不可或缺的一部分，也是一个国家体育发展的深层能力及精神内核，也是体育强国的根基和灵魂。如果没有体育文化的繁荣就难以建成体育强国。由此可见让中国的传统体育文化走向世界的重要性和迫切性。中国的民族传统体育文化包含的不仅仅是各个体育项目，还包含其背后的思想、历史背景、以及体育精神等等。儒家思想作为中国优秀传统文化的精髓，经后世不断传承形成了"仁义礼智信"核心的基本思想。从中国古代传统体育文化不难看出，有很大一部分民族体育项目的最初目的是用来练兵，逐渐流行于民众之中后其竞技性也不强，供娱乐观赏的体育项目较多。"以和为贵""友谊第一""修身养性"等都是受到中国古代几千年的儒家思想的影响。现代世界体育文化例如现代奥林匹克文化相较于中国古代传承带有"儒家思想"的体育文化来说更具有竞技性。尽力永争第一、顽强拼搏、坚持不懈的精神固然好，但一旦失控了就暴露出许多问题，例如：兴奋剂丑闻以及"黑哨"频频出现，体育与政治联系过于紧密，部分体育官员贪污腐败等等。这使体育失去了其"单纯"，是不利于体育事业的发展的。中国传统体育文化所体现的儒家思想正好可以在一定程度上"中和"这种现象。近几十年来，我们接受西方的体育文化较多，而忽略了我们本国的优秀的体育文化。随着中国经济实力的增强，国家地位及话语权也不断增强，中国开始重视优秀的传统体育文化。中国上下五千年的历史文化，有许多文化还值得我们的发掘、探寻、传承。让中国这些优良的体育文化走出国门，不仅使中国公民越来越重视本国文化，也让世界了解和认识中国伟大的传统体育文化，增强国民的文化自信心。

虽然全球化的到来使得各国的交流增多，且文化交流是沟通的一种很好的手段，但是各国人民之间仍然存在"刻板印象""误解""偏见"等现象。这些现象的出现不仅仅是因为一些媒体的刻意抹黑或是与政治有关，很大一部分原因是因为各国的文化交流不够，了解太少。例如，许多外国人认为我们中国人一定会"功夫"，这也是刻板印象之一。体育文化的交流就变得尤为重要，中国不仅仅有"功夫"，还有许多优秀的民族体育文化。中西方在体育观上存在着很明显的差异，正如上文所提到的西方重竞技

体育，而中国传统体育文化重"修身养性"。在两方的体育文化碰撞中难免会出现冲突，那么这就显现了体育文化交流特别是将中国的传统体育文化传播出去的必要性。中西方国家属于不同的文化圈，在体育思想、体育价值判断和行为特点上都有很大的差异。因此，我们可以通过体育翻译实现体育文化交流，将凸显中国特色的民族传统体育传播出去，让他们通过体育来了解和认识中国文化，以此来达到互相尊重、求同存异的目的。将中国的传统体育文化传播出去是利于日后的跨文化交际的。从不少的"体育外交"的例子可以看出，体育文化是利于国与国之间交流的。

在通过体育翻译的方式中，传播体育文化的过程中也有助于让国人了解中国博大精深的体育文化，激发人民的民族自豪感，利于中国传统文化的传承[13]。体育精神属于体育文化的一部分，拿女排精神举例，女排精神表现为：扎扎实实、勤学苦练、无所畏惧、顽强拼搏、同甘共苦、团结战斗、刻苦钻研、勇攀高峰。女排精神是中华民族精神的一种象征，弘扬女排精神不仅对当代青年具有教育意义，对树立中国形象也意义深远。当中国人民在各大赛场上看见中国女排的拼搏精神及所取得的优异成绩，我们为之骄傲自豪。中国女排在提高人们自豪感的同时，激发了人们的爱国情怀。在此背景下，会让人们对体育产生热情，这是利于中国体育发展的。在中国体育现代化进程中，我们不是一味的接纳国外的体育文化、体育思想，我们也让本国的民族优秀传统体育文化走出国门，不仅起到与其他国家相互交流的作用，也利于中国民族优秀的体育文化的传播与传承。当然，这一切都离不开体育翻译工作者的付出与贡献，才让中国在体育现代化的进程中不断进步。

参考文献

[1] 张卫平.中国体育现代化的历史进程与文化抉择[J].河北广播电视大学学报,2015,20(04):95-97.

[2] 邱璇,李先雄.中国早期体育现代化意识的特征及影响[J].上海体育学院学报,2017,41(05):71-74.

[3] 熊斗寅.熊斗寅体育文选[M].贵阳:贵阳人民出版社，1996.

[4] 卢元镇．现代化进程中的中国社会体育及其产业[C].社会体育国际论坛,2002.

[5] 安丽娜,王文成,孙鹏.论中国体育的现代化发展[J].山西师大体育学院学报,2010,25(S1):1-2.

[6] 张磊.近代中国体育现代化的历史进程及经验启示(1840-1937)[A].中国体育科学学会 2015 第十届全国体育科学大会论文摘要汇编（一）[C].中国体育科学学会，2015.

[7] 李斌.中国体育现代化发展范式的转换与变迁历程[J].沈阳体育学院报,2012,31(01):5-10.

[8] 郄晓强.浅析清末洋务运动时期军备教育的体育思想[A].西部体育研究，2013(2) [C].甘肃省体育科学学会，2013.

[9] 张晓艳.近代翻译的发展及译者选材对中国社会的影响[J].文化学刊，2019(08):217-220.

[10] 刘景龙.近代体育译作对我国体育发展的影响探析[J].兰台世界，2013(34):134-135.

[11] 张宝强.体育专业留学生与中国近代学校体育发展研究[J].南京体育学院学报(自然科学版),2013,12(05):134-137.

[12] 韩雪.基于儒家思想的体育文化国际交流探析[J].山东广播电视大学学报,2021（01）:73-75

[13] 安献周.体育运动中体育精神与文化传播探析[J].体育风尚,2021(1): 201-202.

Effects of Sports Translation on Sports Modernization in China

Abstract

With the overall advancement of China's modernization, the realization of China's sports modernization is an inevitable trend. Based on the connotation of sports modernization, this paper divides the historical process of sports modernization into three stages: germination period, exploration period and development period. On this basis, combined with the sports historical data, this paper analyzes the role of sports translation in the historical process.

Key words: Sports translation; sports modernization; historical process

英国汉学家翟理斯对中国古代足球史的书写与译介

金艳[1]，崔峰[2]

1.成都体育学院外国语学院，四川成都，610041；2.新加坡南洋理工大学人文学院，新加坡，639818

摘　要： 近代英国三大汉学巨擘之一、剑桥大学第二任汉学教授的翟理斯是一位有世界影响的汉学家和中西文化交流学者。本文以翟理斯1906年发表的《中国的足球和马球》为研究对象，运用文献整理、历史分析、文本考释等方法对其进行回译，指出该文参考了《古今图书集成·博物汇编·艺术典·蹴鞠部》，对中国古代足球历史源流进行考察和译介，在当时"西体东渐"背景下表现出对中国传统体育文化的浓厚兴趣和欣赏，为晚清时期中西体育文化交流史中的"东体西传"留下了珍贵遗产。

关键词： 翟理斯；英国汉学；古代足球；中国体育；译介

1 引言

翟理斯（Herbert Allen Giles，1845—1935）是 19 世纪后期至 20 世纪初英国著名汉学家，被誉为英国汉学三大巨擘之一，终其一生为广泛传播中国语言、文学和文化而努力。他勤于著述，研究范围遍及中国文学、历史、宗教、哲学、绘画等诸多领域，同时还有不少语言教材行世。[1]其代表作开创许多第一，包括第一部英文中国人物传记词典《古今姓氏族谱》（*A Chinese Biographical Dictionary*，1898）、英文《中国文学史》（*History of Chinese Literature*，1901）、英文《中国古代宗教》（*The Religions of Ancient China*，1906）、英文《中国绘画史导论》（*An Introduction to the History of Chinese Pictorial Art*，1911）等。他所编撰的《华英字典》（*Chinese-English Dictionary*，1892 第一版，1912 第二版）更是影响了几代语言学习者和研究者。经他修改和确立后的威妥玛-翟理斯式拼音方案（Wade-Giles System）风行八十余年而不衰。此外，翟理思的翻译涉面极广，从《三字经》（*Two Chinese Poems*，1900）到《洗冤录》（*Hsi Yuan Lu, or Instructions to Coroners*，1874，1924），从《佛国记》（*A Record of Buddhist Kingdoms*，1878）到《庄子》（*Chuang Tzu, Mystic, Moralist, and Social Reformer*，1889），从《古今诗选》（*Gems of Chinese Literature*，1884）到《聊斋志异》（*Strange Stories from a Chinese Studio*，1878）等，在世界汉学界影响深远。值得一提的是，1867-1892 年，翟理斯主要从事英国驻华外交工作；1897-1932 年，任英国剑桥大学第二任汉学教授——其丰富的人生阅历和从外交官汉学家到专业汉学家的转型不仅沉淀了当时中英两国间的历史往来和人文交流，也与当时的社会历史变迁密切相连。但鲜为人知的是，他是英国学术界首位书写并译介中国传统体育文化的历史先驱。

本文以翟理斯1906年发表的《中国的足球和马球》（*Football and Polo in China*）为研究对象，考察20世纪初这位英国汉学家对中国古代足球史的书写和译介，以期探讨他对推动中国传统体育文化在海外的早期传播和中英体育文化的交流融合所发挥的作用和贡献。

2 西方视野下的中国体育史

体育作为人类的一种高级文明活动，是人类精神文明赖以产生的前提和基础，其本身是一种文化，

本文系四川省社会科学规划项目"新时代语境下巴蜀武术跨文化传播与英译"（SC21BS009）阶段性研究成果。

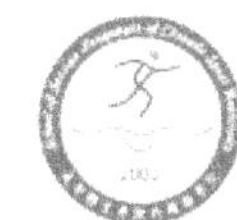

具有丰富的内涵和深厚的历史。在中国浩繁的类书、纪传体、实录、别史、诗词、杂记、小说笔记、礼仪风俗等文献中，都可以找到古代体育的踪影。然而由于散见于各种文艺史料之中，零散碎片，体育却始终未能成为传统史学研究的对象。尤其"体育"的概念在清末民初受西方思潮影响才逐渐形成，模糊变动，直到 20 世纪才被广泛应用和讨论。正如德国史家沃尔夫冈·贝林格（Wolfgang Behringer）所指出的，历史上不是没有体育，而是早先体育属于娱乐和消遣，属于游手好闲者的行为，所以体育运动没有被如实记录。[2]

19 世纪以来，西方的人文主义者经过文艺复兴、宗教改革和启蒙运动的洗礼重新发掘和整理了古代希腊体育的丰富遗产，为现代奥林匹克运动和世界现代体育的兴起奠定了基础。同时西方人也开始了以世界的眼光对体育史进行考察和研究。随着工业革命后西方各国的崛起和"言必称希腊"的崇尚体育竞技运动成为主流，19 世纪鲜有人跳出"欧洲的中心"，对世界其它国家和地区的体育，尤其对饱受军事入侵的中国社会的体育史有所书写和研究。[3-4]其中 1842 年创刊于英国的《伦敦新闻画报》虽保留了晚清时期西方社会眼中的中国社会生活，以及与体育的相关记录和观察。[5]但由于其目的是为了满足西方读者对东方的猎奇心态，故而未进行深入的思考和研究。尤其在西方强势文化随着"坚船利炮"进入中国，"西体东渐"在"西学东渐"的同时发生并冲击着中国体育的传统和历史。[6]至今仍有西方学者"表示遗憾"，认为"在翟理斯之前，没有一位西方学者对中国的体育和游戏感兴趣或者对其进行书写。"[7]值得一提的是，《支那的蹴鞠和马球》（*Football and Polo in China*）一文中专门论述了中国古代足球和马球游戏，为世界体育史研究开启了东方体育学的窗口。[8]但由于语言差异且年代久远，该书的作者应为翟理斯，但被误译作"吉勒施"，翟理斯在世界体育史书写中国古代体育的贡献被湮没在历史之中。自 1919 年郭希汾出版中国近代史上首部体育史《中国体育史》，将中国拳术、击剑、弓术、蹴鞠游戏等多种体育形式的源流进行较为系统的阐述，标志了中国体育史研究的初兴。[9]至今中国形成自己体育史话语经历了一个多世纪，已建立了相对完整的体系，并在世界体育中占据重要地位，且对西方产生了影响。但是有关西方早期汉学视域中的中国体育史研究仍然存在空白。西方有关中国古代体育的兴趣是如何发生并发展起来的，也促使当代中国体育研究史不应停留在国内的相关研究成果，还可以回溯到 20 世纪初，以西方早期汉学家的研究为切入点，在世界视野中进一步了解中国现代体育史学研究的发展过程。以下将对英国汉学家翟理斯的《中国的足球和马球》一文展开分析。

3 翟理斯笔下的中国足球和马球

翟理斯的《中国的足球和马球》一文收录于 1906 年他的论文集《崛山笔记》(*Adversari Asinica*, Vol 4-5, 1906)第 4 辑，含插图共 12 页，不到 4 千词，直接引用汉字史论 40 余条，实则是有关中国古代蹴鞠和马球运动的源流梳理和介绍。据该文开篇所述，翟理斯 1905 年 11 月 9 日在剑桥观看了一场足球赛后，便思考是否有人感兴趣或者认为"中国人在凯撒大帝征服英国之前的数百年前就已经开始玩类似的足球游戏"，之后就开始研究写作。[10]1906 年 3 月他先在《十九世纪和后来》（*The 19ᵗʰ Century and After*）的英文杂志发表这篇论文，同年收录于《崛山笔记》结集出版。

该文是英国汉学界有关中国古代体育史研究的拓荒之作。为了确定蹴鞠与马球之间的关联，翟理斯先从汉字偏旁入手，指出古代蹴鞠和马球虽然有用脚踢（kicking）和用手打（striking）的区别，但实属同源。他同时引用两则史料证明，即"打毬者往之蹴鞠古戏也"（Ball-striking (polo) is the old game of ball-kicking (football)）和"盖蹴击一也"（for kicking and striking are the same thing）。[10] 全文从公元前"黄

帝作蹴鞠"一直叙述到唐宋时期蹴鞠发展兴盛的历史。从写作特点上看，全文通过大量的引经据典，涉及上古传说、史籍文艺、杂录外编，从不同角度介绍蹴鞠的发明变迁、自汉唐而后蹴鞠在城市和宫廷不断兴起和流入民间、蹴鞠和马球的联系及相关轶事，不仅简要解释了蹴鞠最初流行始于军事训练，而后为宫廷所好并流入民间，同时还生动介绍了明代汪云程《蹴鞠图谱》中关于这项体育运动发展变迁中所形成的毬形制作、毬门设置、毬员名称、打毬技巧和相关禁忌等规则和礼仪，其中不乏中西比较的观点。除了与蹴鞠相关的难得一见的史料史论，尤其可贵的是，该篇还包含了对汉代李尤所作《鞠城铭》的译文。

相较现当代学术性文章，翟理斯的这篇论文浅显易懂，趣味生动，虽以摘录中国古代蹴鞠和马球的史料典籍为主，全篇仍极具可读性和趣味性。书中列举了大量的典故逸事，令人读后回味无穷且拍案叫绝。这种写作手法有效打破西方读者了解中国古代汉字和文化时的畏难心理从而能进行的阅读和理解。事实上，这也正是作者的写作初衷——《崦山笔记》的前言就指出，希望向西方读者传播中国艺术和文化知识，而故事性和趣味性无疑是阅读异质文化的最好切入方式。[4]这种写作显然与翟理斯长期从事汉学研究工作密不可分。翟理斯既编订过《英华词典》，懂得以《千字文》和《三字经》为代表的中国汉字文化基础，又能够精确译介《聊斋志异》和古代诗词，还创作了《中国文学史》这些需要较高语言造诣和审美意识的文艺读本，在写作中国古代体育史时，作者巧妙地将蹴鞠的史实、人物与一些传记、随笔、杂谈、故事等结合起来，从而生动地向西方展现了丰富而不乏哲理的中国古代足球史。

翟理斯在文中直接或间接摘录的文史资料包括《史记·苏秦列传》《汉书》《西京杂记》《太平御览》《通鉴》《陕西通志》《桯史》《金史》《辽史》等，还包括帝后、文人名士等的传记，基本按照编年顺序梳理蹴鞠及马球的发展流变。而涉及有名有姓或有历史典故介绍的历史人物多达 30 余人，从丰富多元的人物视角展现了古代中国蹴鞠及马球的兴盛发达。

关于蹴鞠的起源，翟理斯先后引用刘向《别录》"蹴鞠者传言黄帝所作"、班固《汉书·艺文志》"汉兵家有蹴鞠二十五篇"和《史记·苏秦列传》"临淄甚富而实，其民无不吹竽、鼓瑟、踢鞠者"。[10]由此他将中国古代蹴鞠可追溯到公元前三、四世纪的战国时期甚至更早，随后到了汉代已然十分流行，乃至汉成帝、霍去病等帝王将军也喜好参与。

关于蹴鞠的毬形制作、毬门设置等规则和禁忌，翟理斯也进行了梳理和译介。他引用了一位诗人的话"八片尖皮砌作球"，介绍当时蹴鞠是皮革制成的圆球，而到公元 5 世纪，"氣之为毬"，"鞠"演变成"毬"，可以"滚"和"飛"。再引用《陕西通志》汪云程的记录，"蹴毬始于唐，植两修竹高数丈，络网于上为以度毬，毬工辄分左右朋，以角胜负焉"（two long bamboos were set up, several tens of feet in height, and with a silken net stretched across, over which the ball had to be kicked. The players formed themselves into two parties, and the game was decided by points），介绍了当时蹴鞠的相关规则和礼仪。[10]尤其说明，蹴鞠比赛的目标是毬门两边的参赛者争先将毬踢过毬门，毬工依次得毬来踢，并相应计分。胜者可以获得鲜花、水果、美酒甚至银碗锦缎等奖赏。而失败的一方，其队长（毬头）则被鞭打以示惩戒，即"不胜者毬头吃鞭"。[10]这则记录刚好出自《东京梦华录》。此外他还插入了一幅"毬门式"的木刻版画（见图1），较为详细且直观地介绍了毬员的分工和区位，甚至称谓及相关术语。同时还插入了一幅"三人场户"的"蹴鞠图"，展示古代蹴鞠三人玩耍的情景（见图2）。

图 1 毬门式　　　图 2 蹴鞠图

如有"踢毬的队员居中""上场和下场队员居两侧""被称为'骁色'的队员在居中队员的后方，以便传毬给毬头""还有被称为'守网'的队员，其职责是将未过网的毬传回"等。关于踢球的规则，文中还介绍了队员们使用的"锦语"（regular terminology），并用法语词汇 ace, deuce, tray 等做了灵活译介，同时还用现代英语解释蹴鞠的相关要诀。[10]其中译介的相关内容对照如表 1：

英文原文	回译可对照的古文	出处
To inflate a football seems easy, but is really difficult. The ball must not be very hard, or it will be too bouncy, and full force cannot be used in kicking. Neither must it be very flabby, or you will have an opposite result, and the ball will not travel when kicked. It should be about nine- tenths full of air; this will be found to hit off the mean.	(打揎添气也,)事须易而实难，不可太坚，坚则健色浮；急蹴之，损力。不可太宽，宽则健色虚，泛蹴之不起，须用九分著气，乃为适中。	《蹴鞠图谱·打揎诀》
the body should be straight as a pencil; the hands should hang down, as though carrying things; there should be great elasticity of movement; and the feet should be as though jumping or skipping	身如立笔，手如提物，身用旋安，脚用活立。	《蹴鞠谱·下场口诀》
Kicking is forbidden under eleven separate conditions which constitute "fouls;" but no penalties seem to be attached	右干望下，顺风拐望下，两踢望下，头踢望下，右膝望下，右肷望下，左摆搂望下，右肩望下，右抄望下，左抄望下，右八字望下	《蹴鞠图谱·禁踢诀》
all play is to be avoided in ten special cases, such as on windy days, when the ground is slippery, after	网儿里，饮酒后，延席前，气毬表乾有风起，泥	《蹴鞠图谱·不踢

wine, by candlelight, etc.	水处，无子弟，灯烛下无　诀》 下网，见相识。

表 1 《蹴鞠图谱》相关诀歌的中英对照

此外，翟理斯还介绍了几位蹴鞠高手，如王齐叟、孔桂、张芬等，尤其提到一位 16 世纪的道人"工于蹴鞠，肩背膺腹皆可代足"，并让他联想到自己友人提及眼见家门口缅甸男孩踢球的情景。他甚至相较于中国人所表达的"毬不离足，足不离毬"，英语词"dribbling"(控球)都不足以形容蹴鞠中的高超技艺，而显得"毫无意义"（meaningless）。尤为难得的是，翟理斯译介了一则镂刻于蹴鞠场奠基石上的铭文，即汉代李尤所作的《鞠城铭》。[10]该铭文中英对照如表 2：

圆鞠方墙	A round ball and a square wall,
仿像阴阳	Suggesting the shapes of the Yin and the Yang;
法月衡对	The ball flying across like the moon,
二六相当	While the two teams stand opposed.
建长立平	Captains are appointed, and take their places,
其列有常	According to unchanging regulations.
不以亲疏	No allowances are made for relationship;
不有阿私	There must be no partialities.
端心平意	But there must be determination and coolness,
莫怨其非	Without the slightest irritation at failure......
鞠政由然	And if all this is necessary for football,
况乎执机	How much more so for the business of life!

表 2 鞠城铭

接下来翟理斯介绍马球在中国的发展，史料相对缺乏且零散琐碎，更类似一种杂录，篇幅只有全文的三分之一。他认为马球在唐朝流行，最初曾被视为蹴鞠运动的再兴起但又有不同，且很可能是从入侵的鞑靼人那学来的。他指出最早有关马球的文献记载始于唐代诗人沈佺期的诗作。翟理斯译介的内容其实就是《幸梨园亭观打毬应制〈并序〉》，恰好记录了公元 710 年（景龙四年）唐中宗在梨园赐观马球的场景。而后还用宋代诗人晁无咎讽喻唐玄宗荒政误国的诗作《题明皇打毬图》和一则《辽史·马得臣传》节译，指出当时民众反对皇帝沉溺于马球嬉戏，对上疏劝谏皇帝不能"击鞠无度"的忠臣们表示认可。翟理斯整理史料发现，"马球，直到现在，仍是危险的游戏"。[10]他还在文中举例，859 年一位妃嫔被赐饮毒酒，是因为斥责了教唆皇帝打马球的大臣而获罪薨逝，而公元 901 年一位重要官员因出赛马球落马殒命。翟理斯还摘录史料指出后来的契丹人和女真人仍然延续了马球和蹴鞠的传统，赛会还演变成融入节庆的宫廷盛会，参加赛会的马球队员和足球队员都能获得十分丰厚的奖励，并得到亲临现场的皇帝所青睐。此外，其它史料如文人树洞取毬、侍女骑驴打马球、汉遣使进毬衣及马、男着女装打马球等也佐证了马球的流行。更有甚者，皇帝还通过马球比赛的胜负来决定授官。[10]结尾处，翟理斯援引《录异记》中记载，以一名善制马毬毬杖的匠人在白日升天（成仙）的故事，试图解释中国古人在马毬行业中发展的高深境界。翟理斯借用中国民间野史杂记中的怪诞奇谈，保留原文中的想象夸张，既显得荒唐可笑，不同正史的可信度，但从侧面丰富了中国古代体育史的叙事，读来饶有趣味，也引发了域外读者对中国体育

的兴趣和认知。综上所述，翟理斯另辟蹊径地考察并书写中国传统文化，在一定程度上打破了当时西方汉学界从以儒家经典为代表的"东方圣书"来关注中国的研究范式，将民间故事和风俗历史里的中国介绍给了西方，拓展了西方了解和认知中国的视野。其对中国古代体育文化的关注在西方强势文化全球扩张的 20 世纪初，可谓独具慧眼。

4 源自《古今图书集成》的中国古代体育话语译介

有学者言，中国古代体育文化是一个"总括万殊，包吞千有"的汪洋大海。在中国浩繁的类书、纪传体、实录、别史、诗词、杂记、小说笔记、礼仪风俗等文献中，都可以找到古代体育的踪影。[11]那么，为什么远在英国的翟理斯可以在 20 世纪初早于许多中国学者和其它外国学者，从"汪洋大海"中选择如此丰富且精准关联的史料文献？为什么他在观看剑桥足球赛之后短短半年内，即完成了对中国古代足球文化的对比思考和译介？通过挖掘翟理斯写作的文献出处，即可直接解答诸多问题。根据翟理斯所引用的文献典籍和英文回译成汉语的内容，笔者发现几乎该篇全部内容均可在《古今图书集成·博物汇编·艺术典·蹴鞠部》中找到。《古今图书集成》应该就是翟理斯写作《中国的足球和马球》甚至是其它中国文化著作研究的重要参考书。

这部成书于 1726 年、又称"钦定古今图书集成""康熙百科全书"的《古今图书集成》是中国古代规模最大、查找古代资料文献最全的参考类书，是当时世界上最大的百科全书。它卷帙繁多，全书分为 6 汇编、32 典，共 5020 册、1.6 亿字，按天、地、人、物、事次序展开，规模宏大、分类细密、纵横交错、举凡天文地理、人伦规范、文史哲学、自然艺术、经济政治、教育科举、农桑渔牧、医药良方、百家考工等无所不包，图文并茂，内容丰富，但印量稀少，不易贮藏，尤其并不是面向市场发行传播，主要用于皇帝赏赐和私家收藏，常常被束之高阁。其传播力十分有限，一般人很难查阅。而随着 19 世纪西方对中国不断了解，西方汉学界，尤其英国汉学界，对这部书的具体情况和巨大价值也越来越了解。他们期望更多地了解中国，一方面服务本国利益，另一方面也保留了对中国文化的极大兴趣和欣赏，进而有了购买该书的打算。因而在 1887 年，英方经由英国驻华公使汉文正使梅立辉（William Frederick Mayers，1831-1878）和在伦敦国王学院的担任汉学讲习的罗伯特·道格拉斯（Robert K. Douglas, 1838-1913）两位英国汉学先驱的紧密合作，将《古今图书集成》（武英殿铜版活字版，简称"殿本"）收购入藏大英博物馆，引得英国在内的欧美学者关注和称赞。而《古今图书集成》被大英博物馆收购入藏之后，"对广大学者开放，成为人们研究博大精深中国文化的绝佳去处"，"而中国人也会在短时间内发现，在伦敦研究他们自己的文献比在他们本国要方便多了"。[12]剑桥大学第一任汉学讲习教授威妥玛爵士（Thomas Francis Wade，1818－1895）此前在华担任英国驻华公使，是翟理斯的上司，返国后将其收藏的 4304 册中文书籍捐赠其母校剑桥大学，虽未能收藏《图书集成》，也对该书的价值深有了解，并影响着他的继任者。

翟理斯自 1897 年接替威妥玛成为剑桥大学第二任汉学讲习教授之后，在参与各种社会事务及收获成果殊荣的同时，还在整理出版《剑桥大学图书馆威妥玛文库汉、满文书目录》，自然对《图书集成》十分关注。值得一提的是，翟理斯的小儿子翟林奈（Lionel Giles, 1875-1958）于 1900 年调入大英博物馆工作，担任该馆东方书刊与手稿部助理馆长一职，并与其父亲翟理斯一直合作从事中国图书整理编目的工作。翟理斯在《崦山笔记》中不仅提到过翟林奈参与相关文献的整理，也多次提到《图书集成》，并称其为"卷帙浩繁的百科全书，其中一部就藏于大英博物馆"，由此也证实他对该书的了解和应用。他在其回忆录中写道《崦山笔记》的由来，"从 1905 年起，我开始撰写系列文章，这些文章长短不一，间或配有插图，

有的只是心血来潮之作，此外还有一些书评。""Adversaria（记事、杂录）一词是个古旧的英语词汇，意思就是'笔记'（note-book）而已"，"他的写作虽然并非为了满足普通读者的兴趣，但却引起关于中文文本的语言讨论和其它问题"。[13]1906 年 5 月剑桥大学图书馆"中国室"还迎来了大清镇国公载泽一行的来访，翟理斯担任校方翻译参与接待。同年 11 月他又当选伦敦新成立的中国学会（China Society）副主席，引领英国乃至欧美汉学界的思想潮流。而 1908 年石印本《古今图书集成》恰好成为清政府为推进中英交往和文化交流，赠送给伦敦中国学会的颁赏，之后也收藏于剑桥大学图书馆。[14]而 1911 年翟林奈顺利出版了《钦定古今图书集成索引》。由此可以推定，翟理斯写作中国古代体育史的内容，以及它译介研究中国文化的相关内容很可能参考了《古今图书集成》这部大百科。这位西方汉学家对中国文化的书写其实是基于中国人自己整理的知识宝库，融合西方近现代学科发展的成果技术和思想理念，才能成就如此的远见卓识和敏锐洞察。

虽然《嵞山笔记》因时代的局限和语言文化的障碍，难免有考证不全、简单武断以及误读误解的错处，在后来也引起了当时中西汉学家们的广泛批评，其中最瞩目的要数辜鸿铭（1857—1928）。[15]他在其英文著述《中国人的精神》（*The Spirit of the Chinese People*，1915）中专门撰写了一章"一个大汉学家"，批评翟理斯："一方面翟理斯博士具有以往和现在一切汉学家所没有的优势——他拥有文学天赋：能写非常流畅的英文；另一方面，翟理斯博士又缺乏哲学家的洞察力，有时甚至还缺乏普通常识。他能够翻译中国句文，却不能理解和阐释中国思想……对材料的组织安排显得那样无能。"[15]辜鸿铭言辞犀利和偏激或有失公允，但多少反映了当时中外读者对翟理斯观点的兴趣和影响，也间接解释了《嵞山笔记》被湮没的原因，并为当时的中西文化交流互动保留了珍贵的历史资料。而对于《中国的足球和马球》一文，翟理斯自己是津津乐道的，并在自传中提到，"因为此文，收到 Robert Hart 爵士赠送的礼物，一张记录董其昌题字《明皇击毬图》的照片"，并补充说，"打马球的唐明皇在赛会上占先，如果不是装束的差异，与惠林汉姆马球俱乐部（Hurlingham Polo Club）①内悬挂的一张马球会图片并无二致。"[13]（Aylmer 1997）由此可见，翟理斯惯常的文化类比心理和中英人文会通的意识，以及他作为西方的他者在当时"西体东渐"背景下表现出对中国传统体育文化的浓厚兴趣和欣赏，为晚清时期中西体育文化交流史中的"东体西传"留下了珍贵遗产。

5 结语

19 世纪以来现代体育随着西方国家的崛起和扩张，凭借传教士、军队、体育组织、奥林匹克运动的兴起等各种力量广泛传播到了世界。目前全球最受欢迎的现代足球就是一个鲜活的案例。不能忽视的是，根植于民众自然生活的英国足球游戏，在维多利亚时代有了长足发展，为英国足球的现代化奠定了基础。[17]以 1848 年足球《剑桥规则》制定为标志，英国的竞技运动开始向组织化、制度化、标准化方向发展，并向流向欧美乃至东方。[18]1863 年英格兰足球协会（Football Association in England）成立，新的现代体育竞赛秩序逐步在英国本土形成并辐射影响其殖民地和其它国家。尽管此后对足球协会及相关组织的掌控跳出了英国，但英国一直把控了现代足球规则的制定。1886 年英格兰、苏格兰、威尔士和北爱尔兰等四家英国足球协会又联合成立了国际足球协会理事会（*International Football Association*），它虽然不是 1904 年成立的国际足联（*The Fédération Internationale de Football*，FIFA）的创始机构之一，但却一直是

---

① 注释：惠林汉姆马球俱乐部（Hurlingham Polo Club）位于伦敦，成立于 1873 年，现在的英国马球总会所在，世界知名马球俱乐部。

国际足联承认的讨论和决定足球规则的国际团体。而 1906 年英国刚好也加入了国际足联。[4]19 世纪末 20 世纪初英国足球如此快速地朝着现代化全球化演进的过程中，翟理斯身在英国文化精英圈层，在东西文化碰撞和对比中敏锐地发掘到了东方体育中中国古代足球的特殊意义和价值，难能可贵。

20 世纪初英国汉学家翟理斯对中国古代足球的历史源流进行了考察和研究，在当时"西体东渐"背景下独辟蹊径地对中国传统体育文化中的蹴鞠和马球进行了书写和译介，是当时中西体育文化冲击与融合的产物，印证了世界体育文化一直存在"西体东渐"和"东体西传"双向流动的事实。翟理斯因之为推动中国传统体育文化在海外的早期传播、中英体育文化的交流融合和中国体育融入世界所发挥的积极作用不容忽视。而翟理斯借鉴《古今图书集成》、欣赏认同并传播中国传统体育文化的价值和意义，进而产生中西体育文化的交流互动值得反思和借鉴。当今中国的研究，我们不能无视西方汉学的存在，也需努力走出对西方学术顶礼膜拜的"学徒"心态、努力坚守自身的文化立场和文化自信，要充分认识中国传统和历史的价值意义。唯有如此，我们才能更好发展自身的学术与文化重建，实现中国文明与世界文明的平等对话与汇通。

参考文献

[1] 王绍祥. 翟理斯：汉学人性化探索的先驱[N].中国社会科学报，2021-4-24(9).

[2] 缪佳. "观念"与"概念"：体育的历史之解——Behringer 教授学术访谈录[J]. 体育与科学, 2019, 40 (03): 7-10+22.

[3] 潘华. 德国的中国体育史研究述评[J]. 体育文化导刊, 2005, (12): 61-62.

[4] Brownell, Susan. *Sport since 1750* [G]. McNeill, J. R. & Pomeranz, Kenneth (eds). *The Cambridge World History*. Cambridge: Cambridge University Press, 2015: 225-248.

[5] 罗时铭, 陈新华. 晚清时期西方社会对中国体育的关注—以《伦敦新闻画报》为研究基础[J].体育文化导刊,2016,(09):167-172.

[6] 田标, 唐永干. 论西体东渐[J]. 体育文化导刊,2010,(02):125-130.

[7] Gianni,Tommaso. *The Construction of Chinese Martial Arts in the Writings of John Dudgeon, Herbert Giles and Joseph Needham* [G].*Martial Arts Studies*. 2020 (10):51-65.

[8] 戴苏川. 中国体育史学史研究管窥[J].湖南科技大学学报(社会科学版),2014,17(05):175-180.

[9] 崔乐泉. 中国体育史研究的回顾与反思[J]. 体育文化与产业研究,2021,(01):28-79.

[10] Giles, Herbert A. *Adversaria Sinica Vol.5* [M]. Shanghai: Messer. Kelly & Walsh Ltd. 1906.

[11] 王俊奇. 中国"古代体育史"研究百年回顾与思考[J]. 体育与科学,2012,33(06):22-27.

[12] 叶新. 《古今图书集成》入藏大英博物馆始末[J]. 文史知识,2019,(07):116-127.

[13] Aylmer, Charles. *The Memoirs of H. A. Giles* [G]. *East Asian History*. Vol. 13-14, 1997:1-90.

[14] 冯立昇. 清末《古今图书集成》的影印出版及其流传与影响[J]. 印刷文化(中英文),2020,(01):71-89.

[15] 王绍祥. 西方汉学界的"公敌"——英国汉学家翟理斯（1845—1935）研究[D].福建师范大学,2004.

[16] 辜鸿铭. 中国人的精神(英文版)[M]. 外语教学与研究出版社,1999.

[17] 路云亭. 维多利亚时代的足球风俗[J]. 太原师范学院学报(社会科学版),2021,20(02):79-90.
[18] 郝勤. 体育概念的话语建构与演进[J]. 成都体育学院学报,2019,45(05):8-12.

On Herbert Giles' Writing and Translation of Chinese Ancient Football History

Abstract

Herbert Allen Giles, one of the three great sinologists in modern Britain and the second professor of the Chinese Language and History at Cambridge University, is a globally influential scholar in cultural exchanges between China and the Anglophone world. The article makes a textual analysis of his essay "Football and Polo in China" published in 1906 and explores the rewriting of the history of Chinese ancient football from Chinese into English by Herbert Giles by the means of literature review, historical analysis and textual interpretation. The article points out that *Gu Jin Tu Shu Ji Cheng*, an important imperial encyclopedia in the Qing Dynasty, is the source text of Giles' translation and writing and concludes that Giles' translation and writing about sports in ancient Chinese mirror the cultural exchanges between the East and the West in the late Qing Dynasty in spite of the strong influence of western modern sports and left a valuable legacy for the "transmission of eastern sports to the west" in the history of Chinese sports culture exchange in the late Qing Dynasty.
Key words: Herbert Giles; British Sinology; Ancient football; Chinese sports; Translation studies

历史影像与体育传播：以 1927 年《第八届远东运动会》纪录片为例

李东鹏，李 磊
上海音像资料馆，上海，201103

摘 要：远东运动会是近代主要由中日菲三国参加的地区性运动会，在促进国与国的交流，启迪国民体育思想，促进社会进步方面产生过积极的作用。由于远东运动会受到国际体育协会的认可，标准之高，在国际上有重要影响力，国内的《申报》《良友》等新闻媒介广泛报道。而上海作为近代中国的电影中心，长期有大量的电影摄影师驻扎，用摄影机记录下了这次运动会的盛况。纪录片《第八届远东运动会》摄于 1927 年的上海，完整记录了此次运动会的比赛全过程，对于研究近代上海体育运动的发展与体育文化的传播，是一个重要的样本。本文以苏联人于 1927 年拍摄的纪录片《第八届远东运动会》为视角展开研究，用影像视野还原第八届远东运动会的历史信息，并对第八届远东运动会的媒介传播进行报道。

关键词：第八届远东运动会；历史影像；媒介传播；王开

近代中国饱受列强欺凌蹂躏，中国人也被称为"东亚病夫"，于是强壮体魄成为近代争取民族独立与自救的内容之一。体育教育是现代社会教育体系中的重要内容，因此举办各种运动会、运动比赛，成为启迪国人思想、传递先进理念的重要方式。辛亥革命后，掌握政局的北洋政府支持运动会的召开，远东运动会干事沈嗣良曾写道："中国之故外长伍廷芳博士热心从事，尤为今人所难及；前总统黎元洪、内阁总理熊希龄，外长唐绍仪，及现任中华全国体育协进会名誉会长王正廷，董事长张伯苓等，于远东运动会，亦有深切之关系，均为吾人所部荣忘者。爰附志之。"[1]

远东运动会，是亚洲最早的地区性综合运动会，该运动会由菲律宾、中国、日本三国发起。首届远东运动会于 1913 年 2 月在菲律宾马尼拉举行。本文的研究基于一部拍摄于 1927 年的纪录片《第八届远东运动会》，这一届的运动会在上海召开。远东运动会在近代中国的体育史上的地位非常重要，目前关于远东运动会的研究主要聚焦两个领域：一是远东运动会在中国体育发展史上的作用，如王继伟《中国承办过的三次远东运动会及历史影响》[2]、陈玉忠《在上海举办的三次远东运动会历史回眸》[3]、张文慧、郭劲宇《远东运动会与近代女子体育运动发展》[4]等，论述了运动会对中国体育发展促进作用、对体育思想的启迪。二是远东运动会举办及新闻媒介反应，如杨群《<字林西报>第二届远东运动会的报道特点研究》[5]、王群《1913-1934 年<申报>远东运动会报道研究》[6]等，对新闻媒介报道远东运动会的内容、特点等进行研究。目前尚没有针对远东运动会新闻纪录影像的研究，纪录片《第八届远东运动会》以新史料的发展为基础，从城市历史记忆的角度进行研究，为城市更新探讨提供新探讨。

图 1：正在纪录远东运动会的摄影师
图片来源：《教育杂志》1927 年第 8 期。

上海作为近代中国最大、最繁华的城市，许多历史影像留下了这座城市的历史记忆。自电影发明后，并迅速应用到纪录历史中去。特别是随着电影新闻片应用日趋广泛，各国和社会各界越来越重视电影的记录、宣传作用。正如 1927 年《中国电影杂志》的记者在文中写道：

> 本年八月二十七日，为第八届远东大运动会开幕之期，中日菲三国选手，比赛八种运动。结果，我国名列第二，夺获三个锦标。当时各报纸已有详细之记载，本毋烦记者之喋喋，**特以体育事业，影响于国际地位甚大，电影负有宣传教育之使命，以故各国制片公司，对于其国内体育运动，无不摄入银幕之中**。就本届远东运动会而论，连日亦有国外影片公司派员到场摄映，事后，在百代公司试映，记者亦曾寓目，计有七千余尺之多。（除字幕不计）由此可见外人注重体育。返顾国人，诚有愧色矣！[7]

从当时在沪的国外新闻媒体对远东运动会的报道力度，可见西方国家对体育的重视程度。远东运动会是一个新闻报道的热点，而完整的第八届远东运动会的纪录影像，让我们直观、详细的了解到 1927 年召开的这一运动盛宴的全貌。

1 第八届远东运动会举办背景与概况

远东运动会，是亚洲最早的地区性综合运动会，该运动会由菲律宾、中国、日本三国发起。远东运动会名誉干事沈嗣良讲到远东运动会的成立背景：

> 审自美菲发生关系，美人之赴菲律宾宣传教育者日众，而体育亦居其重要之一部。经勃郎氏（Elwood S. Brown）惨淡经营，发达良速。菲律宾体育协会之组织，即基于斯。迫西历 1912 年，复鉴于国际体育之需要，遂由在菲之美体育家，协同菲体育协会，乘翌年二月菲岛庆祝之机会，发起邀请中日两国，往马尼拉举行国际运动比赛，并推定克郎氏（Frank L.Crone），勃郎氏，及德苏莱氏（William Tutherly）三人组织委员会，主持一切，是盖第一届大会，亦即远东运动之滥觞也。
>
> 是时也。中日早觉有同样只需要，故中国即然加入。而日本亦以非正式之名义参加，然结果因各国运动种类之各别，且乏详细之组织规例，未能得佳良之成绩。但合作精神及运动道德之表演，卒使远东运动会之发展，与日俱进，而成今日世界运动会外惟一之组织。此则应为吾人所大可纪念者也。
>
> 第二届大会在中国上海举行。各国人才大增，成绩精进，友谊亦日臻亲密，用见远东运动会

在提倡体育及国际地位上之价值，至为无量。日本因即声请自第三届起，正式加入为会员。于是基础大定，举凡组织大纲，比赛细则，应有尽有。且一从前运动为游荡之谬见，而以提倡普及体育，增进国民健康，培养运动道德，联络浃国际情谊之宗旨闻矣。[1]

第一届远东运动会，开始于 1913 年 2 月，在菲律宾马尼拉举行。中国近代体育史上著名的体育学者谢似颜曾将远东运动会的目的：

十五世纪文艺复兴以来，人类精神均注意于古典之探求，忽却身体之锻炼。至十九世纪始有身体复兴之潮流。吾人生于斯世，不研究潮之由来与流之所至，不惟可耻，必为社会所淘汰，以至不能生存，甚可畏也。是以法人 Perre de conbertin 发起国际经济会，欧美无不赞同。至第五届时，远东方面的民族也受着刺激，于是美人 Elwood Brown 有远东运动会之发起，惨淡经营，以有今日。其最大目的不外下列三种（1）希望远东民族体育之向上；（2）国际经济会上占相当位置的准备；（3）促进远东国际间的友谊。故远东运动会，系有人类历史上之背景，并非劈空从天降下者，我民族亦注意及之。[8]

从 1913 年到 1934 年分别在菲律宾、中国、日本三国共举办了十届远东运动会。1934 年，日本坚持把满洲国拉入远东运动会，遭到中国的抗议并宣布退出远东运动会，远东体育协会宣告解体，远东运动会亦随之停办。

远东运动会对于运动选手资格之规定颇为严格，凡非业余运动员（Amatem）概不得参加比赛，否则事后查出，即取消其个人或个人所属之全队所得之胜处。并对业余运动员资格做了规定：

一、凡有下列行为之运动员，即属职业性质，于未经运动员资格审查委员会承认其已恢复业余资格前，不得参加本会主管之一切运动比赛。

子：以金钱为比赛之目的者

丑：受现金之奖励者

寅：售卖或典质其所得之奖品者

卯：假借他人姓名加入比赛以图混朦者

辰：藉比赛之胜赛为金钱之赌博者

己：受金钱之雇用或实利之羁縻者

午：任体育教员或指导员及因教授运动技术而受薪金，或类同之报酬如车马费等者

未：未经运动员资格审查会之特许，而与有职业性质之团体或个人作比赛者

（注一）运动员 审查委员会仅得准许业余运动团体或个人与职业运动团体或个人作表演或非夺标性质之比赛。

（注二）职业运动团体当为有职业性质组合之一部或以夺标为专业者其团员之是否受得金钱之分润在所不计。

二、运动员正当旅费或用品如运动衣、运动鞋、运动器具等之供给及金属奖品之刻有运动会名、运动项目、名次等类藉资纪念者不作受现金之鼓励论。

三、学校教师或任何人员，于其主要职务外，被委为运动指导员而不另受报酬者仍不失其业余运动资格。

第八届远东运动会召开时间，是在轰轰烈烈的大革命转入低潮期后。蒋介石在上海悍然发动"四一二"反革命政变后，上海一时间血雨腥风。也为转移国内的视线和矛盾，新成立的国民政府和沪工部局、

公董局积极准备运动会召开各项事宜。为满足去观看运动会的观众交通需求，法租界当局也密切配合运动会的召开。如法商电车公司就发布公告，加开前往运动地区的公共车辆：

> 兹因本届远东运动会定于本月二十七号起至九月三号止，在劳神父路运动场比赛。在此比赛期内，本公司行驶运动场各路车辆均各增加如下：电车第十路十六铺至卢家湾可在劳神父路口停车；无轨电车第十七路斜桥至岳州路及第十八路斜桥至昆明路均可在菜市路及劳神父路口停车；公共汽车第廿一路洋泾浜至打浦桥可在辣斐德路贝勒路口停车，该路加开专车专驶洋泾浜与神运所劳神父路动场，车价仍旧章，照恐未周知特此布告。[9]

负责运动会组织的中华全国体育协进会也与法租界当局共同拟定停车章程：

> 本会与捕房车务处拟定停车章程如下，至希中西各界人士，注意汽车、马车，均须由贝勒路前往会场。乘客下车后，概须按照下列地点停车，停于路之南边，车头北向。在本会开会期间，每日下午二时起，任何车辆不得在萨坡赛路与贝勒路间之劳神父路通行。[10]

为激励运动员在会上取得优异成绩，中华全国体育协进会于当年 7 月先在上海举行第四届全国运动会，并兼第八届远东运动会预选会，及格选手"即在沪上僻静之地，设一训练所（Training Camp），委聘各项运动干事及教练员，与选手相聚一处，从事训练，并订定课程指导方法，俾求美满成绩，此为协进会预定计划。"[11]

运动会需要观众须购票方能入场，运动会的票券共分如下：

> 本会入场券分：（一）普通券六角；（二）头等券一元；（三）特别券二元；（四）季券廿元；（五）团体券三角；（六）乒乓券二角；（七）游泳券分一元二元三元三种

> （一）各券均当日出售每日上午可向办公处购买；（二）季券可住二元券库，除游泳不适相外，各场通用，惟每进一场，须将季券交与验券员，于该日之某场字样上轧去一圈，以示同日不得再进此场；（三）其他各券均限一场适用；（四）团体券一百张起码，以学生工友为限，惟须由校长、厂主或经理备函盖印证明方得有效，且须一律备现款于当日上午向本会办公处购买，并须言明种类，因各种比赛券均不同也。[12]

上海特别市政府也对远东运动会大力宣传：

> 上海特别市党部宣传部，以远东运动会实为提倡体育，而吾中华民族少有注意者，故于此特制定奖品，以示鼓励。闻该部奖品，系一图画，现正请名画家，赶画。图意系一少年运动家高举国旗，组踏地球，颇有意味。未知此伟大奖品落于谁手也。[13]

1927 年 8 月 27 日下午二时，第八届远东运动会正式开幕。《申报》刊登了开幕式典礼秩序：

> 第八届远东运动会今日下午二时，在中华棒球场举行开幕典礼。由远东运动会会长王正廷主席（副会长张伯苓代表）、大会全体职员各项委员等，均须一律参加，并望概着白色服装或礼服，以示郑重。其秩序如左：
>
> （一）游行：一东吴军乐队；二童子军；三三国职员（菲居先·日在中·中列后·）；四菲律滨选手；五日本选手；六中国选手（中国为主人故排在末后以示敬意）
>
> （二）开会辞：会长王正廷（副会长张伯苓代表）
>
> （三）致辞：总裁伍朝枢（郭泰祺代表）
>
> （四）答辞：菲律滨代表亚西斯
>
> （五）答辞：日本代表平沼亮三

（六）宣誓业余资格：菲律滨

（七）奏美国国歌：东吴军乐队

（八）宣誓业余资格：日本

（九）奏日本国歌：东吴军乐队

（十）宣誓业余资格：中国

（十一）奏中国国歌：东吴军乐队

（十二）宣告本届大会正式开幕：会长

（十三）奏乐：东吴军乐队

[注意]三三国国歌时全场观众须一律起身脱帽[14]

致答词的中国代表张伯苓、菲律宾代表亚西斯和日本代表平沼亮三发言内容如下：

张伯苓致辞：

今日举行开幕典礼，会长王正廷博士，不在沪上，未能莅临。鄙人以副会长名义，谬居主席，谨进无辞。此次第八届远东运动会在沪举行，三国之参加选手，殊为踊跃。而今日天朗气清，更属难得。鄙人深望如此盛会，各项运动之成绩，均能超过已往之成绩，而有新纪录。远东运动会之成立已十有四年，其促进远东各国之体育事业，厥功之伟，固不可没。而于联络中日菲三国国民之感情，更有莫大之关系。是以鄙人除谨祝大会八日，均能有今日良好之天气与饱满之精神外，尚有愚见两点，敢贡诸君。一希望比赛时，注重体育家之道德，即所谓 Sportsmanship 者是也。其二则希望因远东运动会而增进国际间之感情。

次由菲律宾总代表唯希亚司令（Osias）答词，其词云：

际兹第八届远东运动会行开幕礼时，予请代表菲列滨政府于人民，对中国及日本政府与人民致祝，并转达吾侪对中日政府与人民之善意，与中分之合作精神，并注重运动员之道德及发展公平谦恕之精神与善意。良以远东运动会之创设，实有造成将来互解与互敬之联东方主义之机会。因之吾人当有更进一层之同情，远东运动今后，尚有国际运动会。此国际运动会者，不仅为东方的，而国际间的联络，其联络亦均根据平等与善意之原则，足使吾人消除国界之观念，而成为国际化。盖能国际化然后可得世界之和平也云云。

菲代表辞毕，即由日本代表平沼亮三致答词曰：

今日为第八届远东运动竞技锦标大会开会之日，鄙人代表日本宣读祝辞，殊为荣幸。现今各国体育竞技日见发达，本会使命，益见重大。本会固为远东三国之竞技，而更因竞技进而互相揣摩。倘非基于运动家之精神，敦远东各国之睦谊，及谋邦交之亲善，尚不足以语本会之真谛。参加本会之运动员，以上述意义为范围，不问胜负何属，堂堂正正以副其目的。日本信而行之，爰声明如右。最后对于中华民国之友谊与努力，深表谢意，并于远来之菲律宾亦表敬意。[15]

举世瞩目的国际奥林匹克运动会的宗旨之一便是促进和平，远东运动会亦不例外，这一点在中日菲三国代表的发言中，都读出发扬运动精神、促进各国睦邻友好关系的共同期许意味。直至 9 月 3 日，这一具有国际影响力的远东运动会正式闭幕。本届大会为中国第一次独立组织，共花费六万元左右。

2 历史影像中的运动会记忆

　　纪录片"第八届远东运动会"[16]，全长 26 分钟，共有 47 幕俄文字幕信息，分别翻译如下：

　　第 1 幕，时间码 0003：восьмдя АЛЬНЕВОСТОЧНАЯ ОЛИМПИАДА，第八届远东运动会

　　第 2 幕，时间码 0005：СНЯТО КИНО--ЭКСПЕДИЦИЕЙ，СОВКИНО，拍摄电影——作为考察（不确定）

　　第 3 幕，时间码 0009：1 АЯ ЧАСТЬ.，1，第二部分。

　　第 4 幕，时间码 0014：27 августа 1927г. состоялось открытие буржуазной олимпиады в Шанхае. 它于 1927 年 8 月 27 日在资产阶级的上海举办运动会

　　第 5 幕，时间码 0036：французской концессии，法租界

　　第 6 幕，时间码 0056：французская полиция，法国警察

　　第 7 幕，时间码 0201：У кассы，在售票处

　　第 8 幕，时间码 0245：бойскауты контролеры，童子军检票

　　第 9 幕，时间码 0400：Парад，游行

　　第 10 幕，时间码 0405：Японские спортсмены，日本选手

　　第 11 幕，时间码 0413：Бой—скауты，男孩——童子军

　　第 12 幕，时间码 0423：Открытие，开幕

　　第 13 幕，时间码 0430：Китайские спортсмены，中国运动员

　　第 14 幕，时间码 0435：Спортсмены—Филиппинцы，菲律宾运动员

　　第 15 幕，时间码 0559：Состязание по легкой атлетике，田径比赛

　　第 16 幕，时间码 0606：На старте，起跑线

　　第 17 幕，时间码 0616：У финиша，终点线

　　第 18 幕，时间码 0624：бедитель на 100 метров время 10,7 секунд，百米冠军时间是 10.7 秒

　　第 19 幕，时间码 0630：Барьерный бег，跨栏比赛

　　第 20 幕，时间码 0708：10000 метров，10000 米

　　第 21 幕，时间码 0712：Первый круг，第一圈

　　第 22 幕，时间码 0715：Последний круг，最后一圈

　　第 23 幕，时间码 0720：Финиш，终点

　　第 24 幕，时间码 0723 冠军时间——34 分 56 秒

　　第 25 幕，时间码 0730：В погоне за рекордами，追逐纪录

　　第 26 幕，时间码 0742：Сообщает результаты，报告结果

　　第 27 幕，时间码 0750：Представители прессы，新闻界

　　第 28 幕，时间码 1040：Китайская команда, взявшая первенство，中国队，这届冠军

　　第 29 幕，时间码 1053：Бейз-болл，棒球

　　第 30 幕，时间码 1247：Японская команда, взявшая первенство，日本队获得冠军

　　第 31 幕，时间码 1257：Китайская команда，中国队

　　第 32 幕，时间码 1308：Филиппинская команда，菲律宾队

　　第 33 幕，时间码 1315：Прыжки в длину, лучшие достижения 7,09 метров，跳远，最好成绩是 7.09 米

第 34 幕，时间码 1407：Прыжки вверх，лучшие результаы 1,93 метра，跳高，最好成绩是 1.93 米

第 35 幕，时间码 1436：Прыжки с шестом，лучшие результаы 3,675 метров，撑杆跳，最好成绩是 3.675 米

第 36 幕，时间码 1453：Неудачный прыжок，跳跃失败

第 37 幕，时间码 1503：Копье，лучший результат 56,90 метра，标枪，最好成绩是 56.90 米

第 38 幕，时间码 1539：Победитель，获胜者

第 39 幕，时间码 1553：иск(原片显示不全)，лучший результат 38，70 метра，铁饼，最好成绩 38.70 米

第 40 幕，时间码 1618：Толкание ядра，铅球

第 41 幕，时间码 1703：победитель--результат 14,225 метра，获胜者的成绩是 14.225 米

第 42 幕，时间码 1722：волей—болл，排球

第 43 幕，时间码 1915：Готовят теннисную （теннисную） площадку，准备网球场

第 44 幕，时间码 2405：победители，获奖者

第 45 幕，时间码 2424：раздают медали，发放奖牌

第 46 幕，时间码 2544：Самодовольные （未完全显示） чемпионы，春风满面的冠军

第 47 幕，时间码 2608：КОНЕЦ，结束

虽然该纪录片并未直接标明拍摄时间和制作者，但根据第一字幕信息восьмдя АЛЬНЕВОСТОЧНАЯ ОЛИМПИАДА（第八届远东运动会），该运动会召开于1927 年 8 月 27 日至 9 月 3 日，得知了该纪录影像的制作时间和主题内容等关键信息。该片的部分镜头出现在著名的纪录片"1927 上海纪事"，此片是由苏联的雅可夫·布里奥赫摄于 1927 年春夏。[17] 分析两部纪录片的美学风格、画面内容等，可以判断两片出自同一拍摄团队之手。

苏联在近代摄制了大量关于中国的近代专题纪录片，与各国的人才谱系有很大关系。1920 年，苏联不仅涌现了电影故事片大师爱森斯坦，还形成了以维尔托夫为首的专拍纪录片的人才群体。他们以拍社会大变革为己任，对世界纪录片发展产生过重大影响。雅可夫·布里奥赫便是其中的一位。日本著名的导演龟井文夫原为画家，为学习艺术而前往苏联，在看到布里奥赫的作品后深受感动，于是转行到日本东宝电影公司，这才有了著名的《上海》一片。而美国，则以市场导向为主体，制作内容以娱乐电影和新闻片为主，并未有大部头的关于中国的纪录片。

第八届远东运动会举办期间，国内如天一青年公司曾制作新闻片《远东运动会》等，沪上许多电影院随时播放所各电影公司拍摄的运动会新闻，在沪的其它新闻机构、电影公司也曾制作相关内容，则也有可能为苏联购买电影进行加工，以供在苏联播映的需求。[18]

3 媒介传播中的运动会

远东运动会举办目的之一在于宣传体育事业，唤起民众去强健体魄。因此，主办方中华全国体育协进会非常注重宣传，给报界的报道提供各种便利条件，当时人曾评论道："大会优待记者，协进会为便利记者采访新闻期间，特准'记者证'出入于各场。" [19] 如在第 27 字幕信息为"Представители прессы"（新闻界），拍摄的画面是"正在进行报道的记者们"。

王炽开的镜头出现在第 33 幕字幕后，拍摄画面主题为跳远比赛，其中一组镜头拍摄了一位正席地而

坐摄像的摄影师画面，经过辨认对比，特别是与 1934 年《良友》杂志上刊登的王开半身照比对，可确定其为中国近代著名摄影家、近代著名的上海王开照相馆创办人——王炽开。

图 2：正在拍摄的王开

图片来源：据上海音像资料馆藏纪录片《第八届远东运动会》截图。

为报道在沪举办的第八届远东运动会，1927 年《良友》杂志第 18 期增加了远东特刊版面，其中刊登了第八届远东运动会比赛实况的照片，部分照片标有"王开照相馆摄"或"王开摄"字样。

1927 年，值第八届远东运动会举办之际，运动会举办方以招标方式招商承包拍摄运动会上各项赛事的精彩镜头。王炽开敏锐的感觉到这是一次千载难逢的扩大知名度的机会，遂不惜代价获得摄影权。他派出技术最好的摄影师，组成四个摄制小组，并且使用了当时比较高级的"罗勒发来克斯"快镜，抢拍了许多精彩镜头，并赶在当晚冲洗、低价、及时地提供给各报社。当时，上海大部分报社没有专职摄影记者，因此许多报社竞相向"王开"购买每天的新闻照片。而王开的照片收费并不高，附加条件则是要照片下标注"上海王开照相馆摄"字样。[20]

为便于记者报道比赛实况和观众观看比赛，运动会组织者还针对比赛第一天出现的有足球、棒球、排球选手"未将各人号码缝于胸背，致一般观众及记者咸感不便"的现象，要求自 8 月 28 日起"一律加佩号码，倘有未领到号布及秩序册者，可由各队教练员或干事员于今晨十时半向大会办公处领取。"[21]

根据《申报》记载开幕时的情况"主席张伯苓身躯既长又大，好像中国留美的长人，其次郭外交次长，再次为日本领袖代表平沼亮三氏。平氏戴大礼帽，帽顶同郭氏的草帽相平，但大礼帽之高比较草帽约高一倍。台上前列之五人中，以沈嗣良君为最瘦，大约日来操劳过度之故。"[22] 可知主席台第一排（由左至右）：张伯苓、郭泰祺、平沼亮三、亚西斯、沈嗣良。

第 28 幕信息记录了获得足球锦标的中国足球队。中国在近代是足球强国。蒋桐孙曾说"足球之于我国，有四十余年之历史，普及既广，奇才辈出，故球艺之精，非日非所能望其项背。"[23] 在此次运动会上，中国足球队 5 比 1 战胜日本，1 比 0 战胜菲律宾，夺得锦标。除第一届外，足球锦标均为中国所得。影片所记录的是中国对菲律宾的比赛，于 8 月 31 日下午 5 时开赛。

图 3：中国队 VS 菲律宾队比赛画面

图片来源：据上海音像资料馆藏纪录片《第八届远东运动会》截图。

第 44 幕信息翻译为网球的获胜者。有一点须非常注意，本届比赛，林宝华和邱飞海为中国队网球双子星。当时有人讲到本届网球中国获得胜利的感想：

> 我国于网球一项，初无杰出人才，如吴仕光、江道章、习作谦诸君，虽属久练之师，堪于一战，然未能出奇制胜，以克强敌。故历届比赛，无不名落孙山，徒让菲日称雄。而日本于以前七届中，曾五得锦标，尤称精悍，国人之欲雪此耻也久矣，只以力不如人，徒怀想望。本届乃有海外网球明星林宝华、邱飞海二君，远涉重洋，翩然莅止，如飞将军自天而降，一战胜菲，再战败日，而得从来未曾染指之锦标。[23]

但在片中出现的人物特写，则是邱飞海和江道章：

图 4：网球运动员邱飞海（左）和江道章（右）

图片来源：据上海音像资料馆藏纪录片《第八届远东运动会》截图。

有记者在《中国电影杂志》上写道：

本届中国能有如此成绩，全赖华南选手及返国华侨之力；网球一项，尤以邱飞海、林宝华两君猛烈决赛，故获最后之锦标。设本届没有两君置身其间，则第三把交椅之谁属，无待龟蓍矣。平心论事，中国体育不普及，此为根本失败之一大原因。中国学校如林，以人数计之，当五倍于日而远迈于菲，论理应执远东体育之牛耳，而反瞠乎在后，宁非大可耻之事乎？本刊插图，所以侧重于我健儿而不登录日菲选手者，盖深望中国人反求诸已，奋勇精进，以待下届之雪耻耳！[24]

1928 年第 16 期《国闻周报》中《时人汇志》栏目曾介绍林宝华如下：

> 林宝华二十二岁，生于澳洲爱特莱特，父为当地巨商，兼任澳洲政府译官。林初以网球为妇女运动至一种，并不重视。迫于 1922 年，见澳洲著名网球家潘得生之表演，突然改其意志，专心练习，进步迅速。当 1924 年，林于维多利亚草地网球会，夺得丙组锦标。所谓潘得生者，即得甲组锦标之一人也。1925 年，林已加入甲组比赛，四胜三负，成绩之佳，为该会各名手所重视，并认为后期之秀。嗣后澳洲一带，林之盛名，几与潘得生相等。去年中华赴澳足球队队长李惠堂，亲见其赛技，深加赞许，力劝其回国，参加第八届远东运动会。林归国后，果然于大会中崭露头角，夺得锦标。今年代表中国出席世界台维斯杯网球比赛，为我国体育届参加世界球赛之第一人。[25]

第 45 幕信息显示的为发放奖牌。负责给运动员颁奖的为时任远东运动会会长、中华全国体育协进会名誉会长、第八届远东运动会竞赛委员王正廷博士。

此外，在片子中还可以见到大量从事服务工作的童子军身影。童子军发源于英国，由贝敦堡（Baden Powell）中将提倡，并在世界各国流行。童子军为青年之一种补助教育，其宗旨在铲除不良之习惯，培养独立之精神，使将来成一良好之国民。[26]上海市童子军协会，自大会开幕日起，至比赛告终，按日派男女童子军，分配五场服务。预料各场秩序，得此训练有素之童子军照料一切，必能整齐可观也。上海童子军协会历史悠久。但在国民政府颁布一切童子军法规之后，该会之组织，多与其相抵牾，"屡经上海特别市党部及童子军司令部之检举，并经彻查属实，中央即令上海特别市党部将该会勒令解散。"[27]

4 余论

第八届远东运动会在上海的成功举办，可称为当时媒介传播中的现象级事件。由于体育报道热点持续存在，有大量热心于体育赛事、热心于体育崛起的国民追逐新闻报道、观看赛事电影新闻，成功吸引了社会舆论的持续关注。本文通过研究一部拍摄于 1927 年的纪录片《第八届远东运动会》，分析其拍摄前后、考证拍摄内容等，并与当时有关第八届远东运动会的新闻报道进行互相印证，得出以下结论：

第一，体育文化的发展传播与上海城市的特质密切相关。上海是近代中国最具国际性、现代性的城市，伴随上海开埠后纷至沓来的西侨移民，上海成为西方近代体育文化、理念最先大规模传入的城市，西侨经常在上海举办的赛马、游泳、足球等体育运动，上海市民在耳濡目染之下，从观看到接受，再到体验尝试，让上海成为最早接受近代体育观念的地区，并以此向国内不断传播，促进了近代体育思想在国内的开枝散叶。

第二，运动会的举办及宣传体育文化知识，建构起近代上海的体育文化空间。作为东亚地区的一个区域性比赛，向来被看作亚运会的前身，从 1913 年至 1934 年，共举办十届，其中第二届、第五届、第八届在上海举办，一大批体育场所修建。远东运动会从筹办到选拔运动员，再到正式举办，各大报刊、新闻电影等宣传媒介纷纷进行报道。此外，上海同时也是中国的出版中心，专业类的体育出版社勤奋书

局和商务印书馆、大东书局等，出版了大量的体育类书籍。以电影、报刊、书籍为载体的传播媒介，不仅大大传播了体育信息，普及体育文化知识的作用，更是建构起多层级传播的近代上海体育文化的空间。

第三，促进了国人体育意识觉醒，对于民族自信心的树立有助推作用。远东运动会作为一项国际赛事，中外运动员同场竞技并获得锦标，对于在近代饱受欺凌的国人来说，无异于一次自信心的重构。特别是在 1915 年上海举办的第二届远东运动会上，中国代表队获得了总分第一的总冠军，同时在田径、游泳、足球和排球项目上夺得锦标。民国第一任体育督学郝更生评价，"不仅代表了中国人对现代体育的兴趣的迅速提高，而且标志着现代体育在整个东方发展进程中的新的里程碑。"[28] 自此，以张伯苓、王正廷、沈嗣良为代表的一批先进人物，投身到发展体育运动中去，上海的各类体育组织不断成立，纷纷开展各类体育活动。1924 年正式成立的中华全国体育协进会是由中国人自己筹建的全国性体育组织，赛事在中国人自己的体育场——中华运动场举办，一举摆脱了以往中国参加国际赛事都由基督教青年会主导、在外国租借举办的被动局面。[28] 上海于是成为近代中国体育运动最为发达的城市。1932 年，中国首次派运动员刘长春参加奥运会，并从上海启程。1936 年，上海有 33 名运动员及官员随队参加了 1936 年德国柏林奥运会、1948 年英国伦敦奥运会。[29]

参考文献

[1] 沈嗣良. 远东运动会史略[J]. 第八届远东运动大会 1927 年特刊.

[2] 王继伟. 中国承办过的三次远东运动会及历史影响[J]. 兰台世界，2015(34).

[3] 陈玉忠. 在上海举办的三次远东运动会历史回眸[C]. 第九届全国体育科学大会论文摘要汇编（4），2011.

[4] 张文蕙，郭劲宇. 远东运动会与近代女子体育运动的发展[J]. 科技信息，2013(12).

[5] 杨群.《字林西报》第二届远东运动会的报道特点研究[J]. 新闻研究导刊，2016(8).

[6] 王群. 1913-1934 年《申报》远东运动会报道研究[D]. 北京体育大学，2010.

[7] 文宪. 第八届远东运动会小言[J]. 中国电影杂志，1927(9).

[8] 谢似颜. 参观远东运动会记[J]. 国立第三中山大学教育周刊，1927(5).

[9] 法商电车等公司通告[N]. 申报，1927-08-27（6）.

[10] 第八届远东运动会通告三[N]. 申报，1927-08-27（1）.

[11] 远东运动会定八月廿七在沪举行[N]. 申报，1927-02-28（13）.

[12] 第八届远东运动会通告二[N]. 申报，1927-08-27（1）.

[13] 市宣传部热心远东运动会》[N]. 申报，1927-08-28（12）.

[14] 今日下午二时行开幕礼[N]. 申报，1927-08-27（12）.

[15] 第八届之远东运动会[N]. 国闻周报，1927(36).

[16] 纪录片"第八届远东运动会"，上海音像资料馆藏珍贵历史影像.

[17] 张景岳. 苏联影库中的 1927《上海纪事》[J]. 档案春秋，2012(10).

[18] 可参见运动会期间《申报》刊载的影讯.

[19] 林泽苍. 余之会场见闻》[N]. 申报，1927-08-28（12）.

[20] 胡远杰. 王开照相馆是怎样出名的[J]. 中国档案，1994(9).

[21] 运动员应佩号码[N]. 申报，1927-08-28（12）.

[22] 远东运动会的片段[N]. 申报，1927-08-28（12）.

[23] 蒋桐孙. 本届远东运动会之感言[J]. 体育，1927(3).

[24] 文宪. 第八届远东运动会小言[J]. 中国电影杂志，1927(9).

[26] 时人汇志[N]. 国闻周报，1928(16).

[27] 吉人. 童子军之历史及其在教育上之价值[J]. 圣教杂志，1924(6).

[28] 童子军消息[J]. 中国童子军司令部月刊，1930(1).

[29] 王宏江. 多元世界与世纪中国：百年中国体育文化传播审视[J]. 成都体育学院学报，2014(1).

[30] 上海市体育宣传教育中心编. 上海体育博物馆藏近代体育文献选编[M]. 上海市体育宣传教育中心，2019.

Historical Images and Sports Communication: Taking the Documentary of *the 8th Far East Games* in 1927 as an Example

Abstract

The Far East Games is a regional game mainly participated by China, Japan and the Philippines in modern times. It has played a positive role in promoting national exchanges, enlightening national sports thought and promoting social progress. As the Far East Games are recognized by the International Sports Association, with high standards and important influence in the world, it is widely reported by domestic news media such as *Shenbao* and *Liangyou*. As the film center of modern China, Shanghai has a large number of Cinematographers stationed for a long time, recording the grand occasion of the games with cameras. The documentary film "the 8th Far East Games" was taken in Shanghai in 1927, which completely recorded the whole process of the games. It is an important sample for studying the development of sports and the dissemination of sports culture in modern Shanghai. This paper studies from the perspective of the documentary "the eighth Far East Games" shot by the Soviet Union in 1927, restores the historical information of the eighth Far East Games from the perspective of images, and reports the media communication of the eighth Far East Games.

Key words: the 8th Far East Games; historical images; media communication; Wang Kai